国際モンテッソーリ協会（AMI）公認シリーズ……05
Montessori Education

モンテッソーリは語る

新しい世界を生きる人を育てるために

マリア・モンテッソーリ
by Maria Montessori
AMI友の会NIPPON …訳
Friends of AMI NIPPON
小川直子…監修

風鳴舎

謝辞

この度、AMI友の会NIPPONより「1949年サンレモ講義録」が出版されますことを心から嬉しく思っております。

最近は一四歳で史上最年少の将棋プロとなった藤井聡太さんが、幼い頃モンテッソーリ教育で育ったことが話題にあがりました。今回の「モンテッソーリは語る（原題）（1949年サンレモ講義録）」においても、まさに子どもの発達から大人が学んで、必要な要素を教育の現場に丁寧に準備することが約七〇年前にマリア・モンテッソーリによって書かれています。

国際モンテッソーリ協会（AMI）公認シリーズも五巻目となりました。第一巻は「人間の傾向性とモンテッソーリ教育」（二〇一六年六月出版）、そして第二巻は「1946年ロンドン講義録」（二〇一六年九月出版）、第三巻は「子どもから始まる新しい教育」（二〇一七年八月出版）、第四巻「忘れられた市民」（二〇一八年八月出版）、そして今回が五冊目でシリーズ最後の巻となります。これはモンテッソーリ博士が七九歳のお誕生日を迎えられる一九四九年八月末に、イタリアの北西部にありますサンレモで開催された世界大会でお話になった講義録です。

現在モンテッソーリ教育を学んでいらっしゃる方々にはもちろんのこと、教師として、または親として、日々お子様のそばにいらして、彼らが自分自身の力で歩もうとする努力を見守りそれを助けていらっしゃる方々にも、大変お役に立つことと存じます。

このお話が始まりましてから、その実現に向かってAMI友の会NIPPONのメンバーがこぞって協力してまいりました。

私も二〇一五年の四月にオランダのAMI総会に出席いたしまして、その折に、現事務局長のリン・ローレンスさんとお会いして、本著の版権をお持ちのモンテッソーリ・ピアソン出版会社の社長でありモンテッソーリ博士のひ孫にあたるアレキサンダー・ヘニー氏が特別な時間を設けて下さり、契約書を交わし、日本での翻訳出版の正式な許可をいただきました。松本愛子さん、松本美浩さん、三浦勢津子さんも同席し、次々とAMIが出版しているブックレットが日本語に翻訳されることになったことを喜び合いました。

この度の翻訳にあたりましてはAMI友の会NIPPONの深津高子さんが担当して下さいました。また、お忙しい中、アメリカでトレーナーとして活躍しておられる小川直子さんが監修の労を取って下さり、心からの感謝の言葉をお伝えしたく思います。

「モンテッソーリは語る（原題）（1949年サンレモ講義録）」が、皆さまのモンテッソーリ教育へのご理解の一助となりますことを願っております。

一般社団法人　AMI友の会NIPPON代表
東京国際モンテッソーリ教師トレーニングセンター名誉所長
松本静子

目次

1949年サンレモにて

第八回[*1]モンテッソーリ世界大会は、一九四九年八月二十二日から二十九日までイタリアのサンレモで開催された。大会のテーマは「世界の復興に立ち向かう人間性の構築[*2]」であった。

＊訳注1　第8回

第8回モンテッソーリ世界大会の参加国は20ヵ国で、参加者は海外からの400人とイタリア国内からの参加者だった。この会場にはモンテッソーリモデルスクールも設置され、外から子どもたちの活動を観察することができた。この世界大会の名誉委員会のメンバーにはマリア・モンテッソーリ自身や、アデル・コスタ・ニョッキ、ローマ大学学長やサンレモ市長がいた。大会事務総長はマリア・アントニエッタ・パオリーニだった。

二〇二二年七月の世界大会は第29回となる。

＊訳注2　世界の復興に立ち向かう人間性の構築

イタリア語でLa Formazione dell'Uomo nella Ricostruzione Mondiale.

はじめに

自分の考えを自然の風景になぞらえてみると、堂々とそびえる山がマリア・モンテッソーリの業績であるとするならば、この四つの章からなるサンレモ講義録は、その裾野に広がる新緑の丘陵にたとえることができるでしょう。

レニルデ・モンテッソーリ[*3]

最初の講義のタイトルは「幼児期の子どもたちが持つ創造的な可能性について」です。この中で彼女は親だけでなく、教育者、子どもに関わる専門家たち、そして人類がもっと子どものことを知ろうとする姿勢を持つべきだと訴えています。このことは他の三つの章でも述べており、また、すべての彼女の教えの中でも生涯一貫して述べていることです。

しかし、子どものことを知ろうとする人には観察力が必要となります。そしてその観察力以前に、子どもに深い関心がなければなりません。さらに、深い関心を持つためには、子どもたちの存在を真摯に受け止め、きちんと認識することが前提となります。

＊訳注3　レニルデ・モンテッソーリ

モンテッソーリ博士の息子であるマリオ・M・モンテッソーリの第四子。幼い頃、祖母マリア・モンテッソーリとインドやオランダで多くの時間を共に過ごした経験がある。

カナダのトロントでAMIの教師養成トレーナー（三―六歳）を務めた後、オランダに戻りAMIの事務局長（一九九五―二〇〇〇年）、その後代表（二〇〇〇―二〇〇五年）に就任。

恵まれない子ども達にモンテッソーリ教育を届けるプログラム、国境なき教育者（ESF）を一九九九年に立ち上げる。講演や試験の試験官のために何度も来日し、多くの学びを日本にもたらした。二〇一二年、スペインにて永眠。

本書の原書は、レニルデ・モンテッソーリがイタリア語から英語に訳したもの。

このようなマリア・モンテッソーリの声は、一生涯、真に受け止められることはなく、よって子どもたちの存在も、今なお真摯に受け止められていないといえます。自身の力強い指導力の結果、人類がもっと良くなることを見ずに逝ってしまうかもしれないという悲しい事実をも超えて、彼女は最期まで果てしない希望と共に訴えました。

現在と未来の世代こそが、子どもたちの存在を、変容し続ける人類を救うものであると認識し、意識を高め続けるという仕事をしなければなりません。その人たちにとってこのサンレモ講義録は、現在も将来も、時を超えて信頼できる明確な指標となることを信じています。

サンレモ世界大会参加者

＊訳注4　マリア・ジェルヴォリノ　Maria De Unterrichter_Jervolino。

マリア・ジェルヴォリノ（一九〇二―一九七五年）は、モンテッソーリ教育の普及活動にとって重要な人物で、長い間イタリアモンテッソーリ協会（Opera Montessori Nazionale）の会長であった。彼女は政治家でもあり、モンテッソーリがノーベル平和賞に三回ノミネートされた時の功労者ともいわれている。詳細は→ https://en.wikipedia.org/wiki/Maria_De_Unterrichter_Jervolino

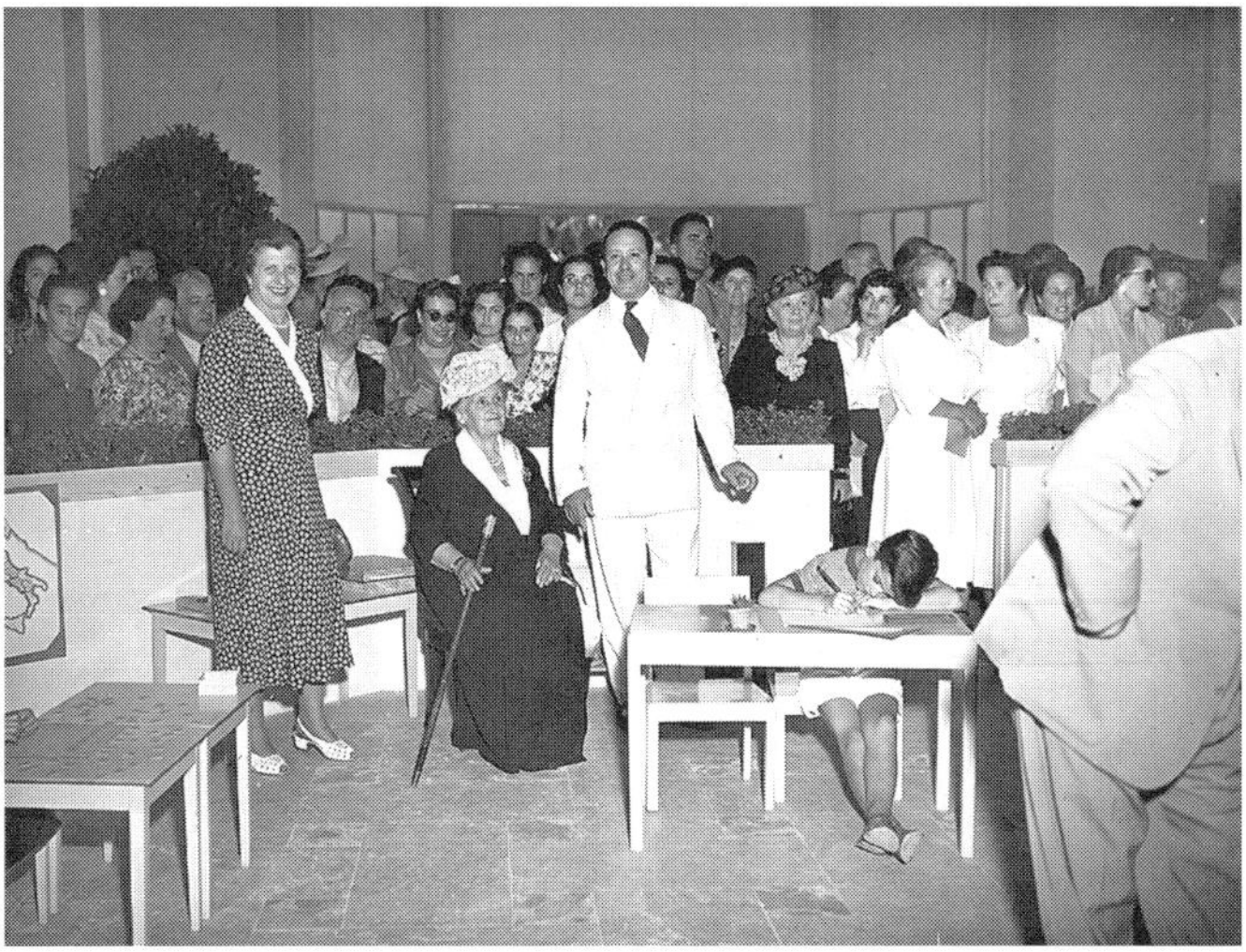

1949年サンレモ会議場にて。モンテッソーリ博士の右には息子のマリオ・モンテッソーリと、左には[*4]マリア・ジェルヴォリノ（下の写真）がいる。

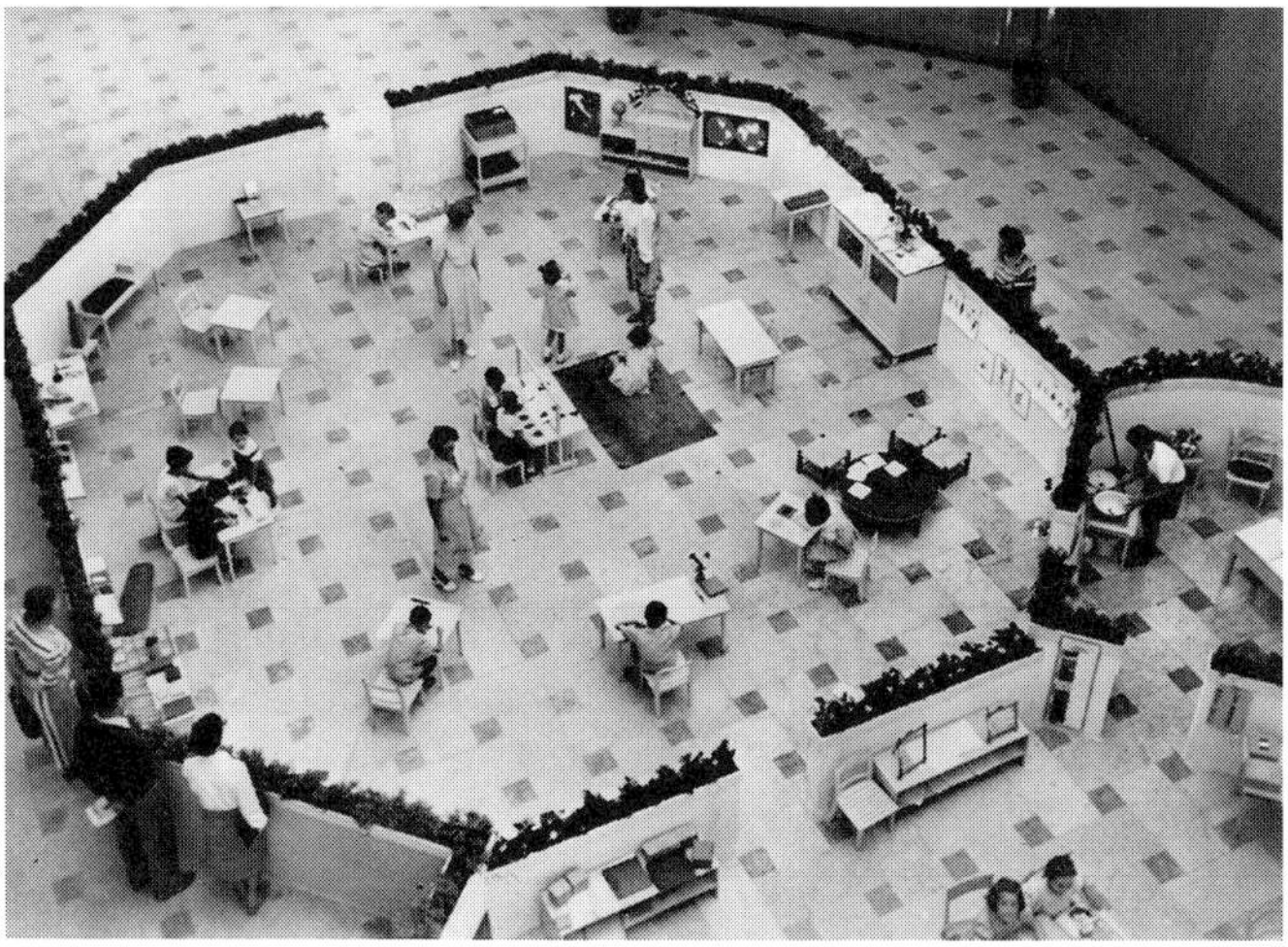

サンレモ世界大会会議場内に設営されたガラス張りのモンテッソーリクラス。参加者は外から子どもの活動を見ることができた。

モンテッソーリクラスの中央に座るマリア・モンテッソーリ博士。その右にジェルヴォリノ、左にはモンテッソーリ博士と共に乳児アシスタントコースの基礎を築いたアデーレ・コスタ・ニョッキがいる。

写真協力：イタリア国立モンテッソーリ協会、写真提供：国際モンテッソーリ協会（AMI）

第１章

The Creative Capacity of Early Childhood

幼児期の子どもたちが持つ創造的な可能性について

幼児期の子どもたちが持つ創造的な可能性について

私はここに、深い感謝の念を持って立っております。それは、私の祖国で今回の国際大会が行われることとなり、そこに関わるたくさんの方々が一致団結して私を快くお迎え下さったということに対してのありがたい気持ちと、祖国に対しての誇りです。

今大会のテーマは、過去の数年間、われわれ人類に非常に大きな影響を与え続けた問題の全てを集約したものだと言えます。この問題が、非常に大きな現象を起こしました。それは、地球のみんなで一つになろう、という新しい社会運動です。

このグローバルな共同体を創る方法は、いろいろあります。しかし、さまざまなアイデアが出てくる中で、自然に共通した結論に達しました。それは、今夜集まられている皆さんが多様な言語で、すでに話されていることです。それは「われわれは教育しなければならない」ということです。

「教育」という言葉は、世界中に多くの考え方があるように、たくさんの意味があり、いろいろなふうに解釈されます。

しかし、一つ確かなことがあります。それは教育に関わっているすべての方は同意してくださると思いますが、教育は「誕生から始めなければならない」ということです。

あんな小さな新生児に教育をするなんて、と驚かれるかもしれません。普通に考えると、世界規模の問題に対して、いったいあの小さな、まだ理解力の乏しい、記憶を持たない、動けない、言語を持たない、そしてわれわれに理解してもらえるような術を持たない新生児に何ができるだろうか、という疑問が湧いてくることと思います。

本当にその通りです。

赤ちゃんに教育をするなんて、おかしいと思われるのは分かっています。

それにしても、今まで人類のさまざまな集団が、さまざまな背景や事情や時代が異なりながらも、暴力をもって戦い、対立し、互いに憎悪感を募らせるような事件、時代を何度も繰り返しているのはなぜなのか、考えてしまいます。人類は意図的に自らを苦しめるようになっているのでしょうか。

今世紀において、人類は精神的に一つになることは不可能であるという感覚がますます顕著になってきました。すでに第二次世界大戦中に、人類の精神的危機を克服するためには、教育に目を向け、新たな教育システムに目を向ける必要があると認識されていたのです。

事実、教育システムの方向性次第では、対立や争いが教育自体によって生み出されることがある、ということを世界中の人たちが認識するようになりました。

その共通認識とは、教育を始める時期についてです。それは、誕生後のまもない時期で、個人として未だ自己を確立していない時、精神的にゼロに近い状態の時、環境にある言語やいろいろな考え方が未だその子の中で形をなしていない時、人が互いを理解する力を失う前、そして人が他人のいうことに耳を傾けなくなる前、でなければいけない、という認識です。

人生におけるこの時期は、すべての人に起こる平等なものです。この時期にこそ、未来の人間同士が争い続け分断に至るのか、団結する方向に向かうのかを左右する可能性が、赤ちゃんの時代に潜在的に眠っているのです。赤ちゃんの時代にこのような可能性がひめられているなんて、素晴らしいことではありませんか。

もし教育を、いまだ子どもの中にあるすべてのものがまだ形を成していない時期に始めるのであれば、人類に調和を作り出す方法を見つけることができるでしょう。そしてこれは教育システムが目指すべき究極の目的となります。そして、子どもたちが生まれながらに持っている、このような性質のお陰で、人類の運命に突然変異がもたらされるかもしれないと知ることは、すべての人間にとって大きな安心感につながるでしょう。

聖書の一節に、ベツレヘムに生まれたひとりの新生児の誕生を称えようと、3人の博士が希望を一杯胸に抱き、贈り物を携えて遠方から訪ねてきた話が書かれています。この話の示唆することの本当の意味について、私自身、今でも思いを巡らせることがあります。

われわれは、生命が誕生する頃、無意識の壮大なる可能性が子どもに宿っていることに気づいています。何年もの間、誕生の瞬間から教育は始まらなければならないと私たちは述べてきました。

社会的地位が未だ確立されていない、権利も認められていない、それでも明日の人類を代表する子どもたち。その子どもたちの世界を最も良く知ることができる方法、子どもたちとはなんぞや、という問いへの答えを探すために、われわれは研究と実践を重ねてきました。数えきれないほど多くの乳幼児期の子どもたちが、日々、無意識に未来社会の構成要素となるべく自身の身体的・知的要素を創り上げているのです。

この事実は、われわれの心の深いところで、謙遜と驚異の念を呼び起こします。われわれ大人よりもっと純粋に生きる子どもたちは、神々しいくらいに努力を積み重ね、虚栄心やプライドを全く持たずに、人類の最高傑作ともいえる、人間の構築、いわば人として自分自身を創り上げるという偉業を果たします。

そしてこの子どもたちの偉業を助ける人たちは、自分の中から大人としての優越感や、子どもを見下す態度が自然に消滅して、代わりに謙虚な気持ちが湧き起こるのを感じます。それはまるで、乳児期に人としての基礎が創られるという、創造の秘密にたどり着いた人が、それを覆い隠していたベールをやっと取り除けた瞬間と同じような感覚でしょう。

子どもが自分で動き始め自己表現を始める乳幼児期から、教育は始められなければならないと私たちは述べてきました。この神秘的で強力なエネルギーが現れる二、三年間に子どもは変革をし、人格や意識、そして知性が授けられ、学校に行くための十分な発達を遂げたとわれわれは考えるのです。

人生のこの時点にこそ、将来人類を構築する力の源が存在するのですが、従来の教育は、子どもに内在する隠れた可能性の謎があること、特にそれが一人一人の子どもの中にある、ということを全く考慮していません。

最近の研究によって、乳幼児期には非常に重要な可能性が内在していることが明らかになり、そのような発見が、教育の進むべき方向を定める上で、大きな貢献となっています。

やっと認知され始めたばかりの子どもの人格は、本当に畏敬の念を抱かせるということを私たちは繰り返し主張しなければなりません。

教育の基本姿勢は「育む」こと

子どもは創造者です。子どもは、何もない無の状態から自分自身を「人間」として形成します。この力強い創造力は、世界のどの地域の子ども達にも、同じように見られます。子どもの精神には膨大なエネルギーが授けられていて、それは崇高な法則によって方向づけられています。子どもの精神は大人のそれとはまったく異なります。子どもには、外部の環境から色々な考えや印象を取り入れ、それを自分のものにしてしまう、素晴らしい奇跡的ともいえる能力が備わっています。それが見て取れてわかりやすいのは言語です。生まれたときには口がきけなかった小さな人間が、環境から言葉を吸収していくのです。そして大人になったとき、まるで遺伝による仕業かのように、完璧に言葉を話せるようになっていることに、はたと気づきます。

もし教育の目的が、潜在的な可能性の発達であると真に考えているなら、教育という言葉より、別の言葉を使う必要があります。いうならば「育む」[*1]です。教育者は、子どもに存在する可能性を認識し、それが発達し、花開くように育んでいくべきだと思います。もし本当に人類の向上を考えるのならば、人間の一生涯の中で、非常に敏感なこの時期をもっと有効活用することが大切です。一旦成人した人を内面から変化させるのは容易ではありません。しかし、人が未だ自分自身をつくっている時期、その人が未だ変われる時期に影響を与える方が容易です。

しかしながら、教育するには、言葉や理論だけでは不十分です。大きな改革を起こすためには具体的な行動が必要です。

そしてやっとここで、この教育の本質的な特性が具体性を帯びてきます。教育の本質は、一人一人の子どもたちの中に隠れたエネルギーが健全に発達するように、その子どもたちの持つ計り知れない可能性を「育む」[*2]ことにあります。

私は自分の目で、子どもたちがどのように科学的な教育法[*3]への反応を表すのか見ることができました。子どもたちは、元々持って生まれてきた潜在的な可能性を、あふれんばかりに表していたのです。

そして私はこのような子どもの姿に内省を促され、子どもに対しての深い畏敬の念を覚えました。

＊訳注１・２　育む　cultivate
自然に作物が育つように環境を整えて、土を耕したり水を引いたりするような作業のこと。モンテッソーリ博士は、人が生まれ持った才能や可能性が自然に花開くように条件を整えて大切に扱う、という態度を表現するのに使っている言葉。

＊訳注３　科学的な教育法
モンテッソーリ自身は自らの教育法を科学的な教育法と呼び、子どもの教育は、大人の都合・偏見・欲と無関係で、客観的な子どもの行動観察によるものでなくてはならないと強く唱えた。

もし私に、子どもたちを育むことから人類が確実に向上する、という強い確信がなければ、五十年もの間、私の仕事が他人によって破壊[*4]される度に何度も立ち上がることができず、戦う力を失っていたことでしょう。私の年齢で、この真実を伝えるために世界を旅する力もなかったでしょう。

私の乳幼児の観察によると、子ども達に私の提唱する科学的な方法で接していれば、その子たちが少し成長して周りとコミュニケーションを取れるようになる頃には、素晴らしい人間の特徴を表すようになることがわかりました。その結果、私自身が人間は思っていたよりもはるかに優れた生き物であったと思うようになりました。

この現象は、人の手によって育てられた植物と、野生のままに育った同じ植物を比べるとわかりやすいでしょう。

例えば自然のバラは、もともと自身の中に成長、発達する力を内在しています。

一方、その植物に配慮された環境で育ったバラは、雄しべが八重化するのが観察できたり、同時に他の美しい特徴が現れます。花はさらに大きくなり、色がさらに明るくなり、香りも強くなり、芳香を放つようになります。言い換えると、整えられた環境と、科学的な知識のある園芸家の手入れ方法との両方が

＊訳注4　破壊される度　de-stroy

モンテッソーリ（または訳者であるレニルデ・モンテッソーリ）は、ここで破壊"destroy"という強い言葉を用いて次の体験を語ったと推測される。

20世紀前半、ヨーロッパ各地で自分で考える自立した人間を育てることを大切にするモンテッソーリスクールが多く開校されたが（以下AMI ウェブサイトより）、「1933年に全体主義のヒットラー政権下、その頃ドイツにあったすべてのモンテッソーリスクールが閉鎖され、モンテッソーリの著書・肖像もベルリンの焚き火の上で焼かれた。

また、同じ頃にイタリアでもファシスト党を率いるムッソリーニの計画（モンテッソーリスクールをファシスト青年運動に組み込みこむこと）への協力をモンテッソーリが拒否した結果、国内すべてのモンテッソーリスクールが閉鎖されてしまった。」

オランダで突然、学校が閉鎖され深い悲しみの淵にいるはずであ

揃えば、野生の花の中に隠れていた力を目覚めさせ、一変して本来の美しさを開花させることができます。

同様のことが人間界でも起こらなければなりません。手塩にかけて人を「育む」ということは、子どもの中に潜む隠れた精神的エネルギーを覚醒することで、人類という花を育て、より豊かで美しい花を咲かせるということです。

もしこのような方法を取らなければ、人類は持って生まれた可能性を完全に開花させることができないでしょう。自然から授かった力と可能性を最大限に発揮できる人たちで構成されている社会を作るには、秘訣があります。それは、人類が与えられている素晴らしい、潜在的な力を丁寧に「育む」ことです。

言うまでもなく、前述の園芸家がそのような仕事にとりかかる前の準備としては、自然について造詣が深く、それぞれの植物にどのような世話が必要なのか知っていることは大前提です。特に、その人が植物の育ち方についての知識を十分に持っていることは大切です。同時に、その人が植物の成長の様子を実際に観察し、観察結果を自分の持っている知識と照らし合わせて正しく判断しなければなりません。このような科学的な取り組みがその植物の成長を援助することになるのです。

るのに、「教師の養成は続けなければ…」と直ちにロンドンへ飛び教師養成のコースを続けたというエピソードがある。１９４９年の年表を見ると、インドにも戻り、ロンドンでアシスタントコースを開きと、モンテッソーリの晩年は多忙である。困難な状況の中でもあきらめず、場所を変え、国を超えて可能な限り種を蒔くミッションを果たすべく飛び回っている。

子どもが自然に育つ力

人類の科学的研究にも同じことがいえます。最近、誕生から6歳までの子どもの人格に関する心理学の研究が究められ、その結果として一貫して次のような事実が発表されています。

この成長段階で、子どもは自発的に学び、疲れを感じず、周りの事象を観察し（ある人は研究するともいう）、吸収し、それによって活気づけられるのです。

特別な言及に値するのは、従うべき法則を持ちたいという子どもの強い熱意です。この熱意は自然なもので、この法則がなければ、子どもは世界の中で、また、生活の中で、自分が進む方向を失ってしまいます。事実子どもは、異なる種に属する動物が従う本能のような、特定の命令に導かれているのではありません。

ですから教育は、生来子どもの中に、自然の法則[*5]を求める欲求が備わっていることを考慮に入れなければなりません。私は、子どもたちが実際に示した事実と私自身の実践の経験を通して、子どもが自然の法則に従って成長しようとする潜在的な欲求を大切に育て、自然の法則に準じる喜びを育むことを援助することが不可欠であるという確信に至りました。

＊訳注5　自然の法則　natural laws

法則という言葉は、モンテッソーリが強く信じて唱えた子どもたちの成長の中での発達段階、敏感期、その他を指している。

人間の発達には普遍的な共通の法則があり、それに準じることとでこれから人類が互いに理解し合えるようになり、配慮ある行動を取り、物理的な面だけにとらわれない考え方ができるようになることを望むのなら、私たちは既存の概念や、私たち自身の態度や姿勢、従来の教育システムを改めなければなりません。そしてもし私たちの目標が、子どもたちを将来の良き市民として成長するよう援助することであるのであれば、これは必ず必要なことです。

子どもと共に生活している人は誰でも、また、子どもに愛情を持って関わっている人は誰でも、新しいことを常に学んでいるでしょう。

人間の特性を完全に理解するには、子どもに目を向けなければなりません。人々の間に愛を育てるだけでなく、人間として崇高な精神性[*6]を育てるためにも、この芽生えつつある生命である小さな教師に敬意を表し、頭を垂れるくらいの気持ちでいるべきだと思います。

子どもを尊重するというこれらの崇高な精神性[*6]を子どもに伝える際、単なる知識としてだけではなく、乳幼児期の頃から全身全霊でそれを環境から吸収し、自分の一部として取り込める形で、子どもに継承されなければなりません。この方法は、宗教において特に重要な部分を占めます。

もし、宗教的な感情が子どもの核心部分に触れるとするならば、そしてもしそれが彼の生き方の一部になるのであれば、子どもはそれを吸収し、それは永

子どもたちの個性や才能が花開くと考え、大人の論理で自然の力に逆らった教育をすることに強い疑問を呈した。

＊訳注6　崇高な精神性
原文ではSpiritual value（精神的価値）となっている。モンテッソーリ博士が何段落も使ってこの言葉を頻繁に使い、動物にはみられない人間独自の持つ真実を求める姿勢や、正しいことを選択する力、平和を愛すること、非暴力、などを含めた意味で使っている。

遠に子どもの中に定着するでしょう。彼は真実に向かう道を迷うことなく歩むことができるでしょう。

生まれた時から動物のように生存を保証してくれる本能の助けがなかった人間にとって、このようにして吸収された人間として崇高な精神性[*6]は、光や援助、そして道しるべであり、生きながらえるための法則に値します。

これは自然という偉大な教師によって示された道です。このような道を歩むことでしか、教育をさらに充実させ、多くの人たちが高い教養と、優れた人格を発達させ、さらに生来の可能性が自然に開花するような結果を得ることはできません。

このことから、今や多くの人に受け入れられている、教育を誕生から始めるということは教育の進むべき道であり、そのような教育の経験がある子どもたち自身が、その正当性を表す根拠となっています。

これは希望を与えてくれる唯一の道です。私たちは、子どもの持つ可能性を信じなければなりません。特に、その力が逸脱をし、将来人類にとって危険な結果を招かないよう、私たちは子どもの潜在能力が適切な方向に進むよう、導く必要があります。

ですから人類をもっと良くするには子どもから始めましょう。そして、子どもの中に泉のように溢れ出る素晴らしい力を宿らせた神、そのおかげで人類が逸脱せずに平和に向かえるようになったことを信頼しましょう。そして神のおかげで私たちはこのような希望を持ち続けることができ、子どもという究極的な人間の精神性の源がこの世に生れてくる度に、それを気づかせてくれる神を信頼しましょう。

第 2 章

Human Solidarity in Time and Space

時間と空間を超えた人類の連帯について

時間と空間を超えた人類の連帯について

子どもが持っている豊かなエネルギー

この国際会議のテーマに要約された問題は複雑です。難しく暗い問題を考える時などに、たとえ話を使うことで一条の光がさすこともあります。ここではいくつかのたとえ話を紹介しながら進めたいと思います。

あるインドの本に書かれていた物語で、深い印象を与えてくれた話があります。小さな羊飼いの話です。

羊飼いの彼女は、自分の周りをもっと美しくしようと、2本の木を植えました。一本は自分自身の楽しみのため、もう一本は神様に捧げるためでした。神様に捧げる方の木には惜しみなく手を入れ、忍耐強く水をやり、日照りから守り、虫がつかないように気をつけました。もう一方の木は顧みず、他の人に世話を任せていました。

すると予想外のことが起こりました。神様に捧げた木は枯れ、もう一方はよく育ったのです。悲しみの中、小さな羊飼いは献身的な世話がなぜこのような悲惨な結果になったのか、思いを巡らしました。答えは、「あなたはこの小さな植物に水を与え過ぎ、太陽や昆虫から守り過ぎた。植物は太陽を浴びて光合成をするために葉緑素が必要で、成長と繁殖のために昆虫が必要です。あなたは、自分自身でそれを世話をすることにより殺してしまった」ということだったのです。

同じ現象が教育の現場でも起こっています。多くの場合、家族からの、また教育者からの邪魔によって、たとえその行為に善い意図があったとしても、子どもの内なる創造的な力が自由に育つ障害になってしまうことがあります。子どもの内的衝動を抑圧し息苦しくし、生命にとって必要な自然な力を邪魔してしまうことになります。いうまでもありませんが、このような保護者や教育者は、自分の行動が自然の働きに反しているとは思いもしません。

また、聖書の中に出てくる隠されたタラントンのたとえ話で、せっかく主人から預かった財産*1（タラントン）を隠し持っているだけで役に立てようともしない人は良くない、という教訓があります。この話を子どもの教育に当てはめて考えてみると重要な点が見えてくるような気がします。教育分野で私たちのとるべき行動は、すでにあるものを引き継いでいくことだけに限定してはなりません。主人に財産を返すまでそれを秘密の場所に隠すことが唯一の関心事で

＊訳注1　「タラントン」のたとえ
（日本聖書協会発行聖書新共同訳：新49－50ページ、マタイによる福音書25章14－30節）
タラントンは、古代ギリシャの通貨の単位で、現在使われている才能や能力を示すタレントの語源。

あった寓話の召使いのようになると、それはまったくの見当違いです。その召使いはそれを生産的にしようと努力しなかったのです。

子どもの精神の中には、夢にも思わなかったほどの豊かなエネルギーが宿っていることを私たちは知っています。これらのエネルギーが実を結ぶようにしなければなりません。私たちは、これらの隠れたエネルギーを育むことで、子どもたちの人生が豊かになるようにすべきです。私たちは、子どもの素晴らしい可能性を大切に生かすことによって、人間のより良い未来を準備しなければなりません。

この問題について、多方面から吟味すべきであると思います。

どんな時代でも、人類は自分自身を豊かにし、新しい能力を獲得していきます。人類の向上と発展はひとえに、人類が常に向上、改善をする可能性を持った存在であるということに由縁します。

これは教育学の原点です。いわば教育学は人を育て、育むための学問であり、その原点は誕生時から人間に内在するエネルギーを育て、育むことにあります。

人は他人に支えられて生きるもの

しかし、教育法や、子どもたちを育て、育む方法を研究する前に、私たちは

天の国はまた次のようにたとえられる。ある人が旅行に出かけるとき、僕たちを呼んで、自分の財産を預けた。それぞれの力に応じて、一人には五タラントン、一人には二タラントン、もう一人には一タラントンを預けて旅に出かけた。早速、五タラントン預かった者は出て行き、それで商売をして、ほかに五タラントンをもうけた。同じように、二タラントン預かった者も、ほかに二タラントンをもうけた。

しかし、一タラントン預かった者は、出て行って穴を掘り、主人の金を隠しておいた。さて、かなり日がたってから、僕たちの主人が帰って来て、彼らと清算を始めた。

まず、五タラントン預かった者が進み出て、ほかの五タラントンを差し出して言った。「御主人様、五タラントンお預けになりましたが、御覧ください。ほかに五タラントンもうけました。」主人は言った。「忠実な良い僕だ。よくやった。お前は少しのものに忠実であったから、多くのものを管理させよう。主人と一緒に喜んでくれ。」

人間を個としてだけでなく、人間関係や社会的機能の中でのコミュニティの一員としての人間の研究に関心を持たなければなりません。

もし、人類がこれまでに達成した目標の大きさを認識し、それが未来にどのようになるのかを思い描く時、われわれは人類の進化のさまざまな段階に思いをはせ、その名前の由来となる科学を研究し、その歴史を精査する必要があります。

人類は地球自体に手間ひまをかけ、自分たちの都合の良いように環境を整えてきました。あまりにも人類が自分たちの住環境を改善しようとした結果、環境が大きく変化してしまい、以前、世界が自然な状態であったときには、いったいどんな生活が送られていたのか今や想像がつかないほどです。歴史を見ると、人類が居住環境を徹底的に変化させてしまう傾向を持っていることがわかります。さまざまな文明が栄枯衰退を繰り返し築かれていく過程で、最初の社会集団が別々に形成され、各集団は共通の言語と特定の慣習によってつながっていました。どの集団も、環境に手を加え、改善し、より住みやすい環境にしようと努力したのです。

歴史をみると、それぞれの社会集団の規模が大きくなるにつれて、どのように国に進化していったかがわかります。さまざまな国が組織化して独立した一方、互いに絶えず交流しながら生活していたことがわかります。

最近では、技術と科学の進歩により、さらなる環境や生活環境の大きな変化

次に、二タラントン預かった者も進み出て言った。「御主人様、二タラントンお預けになりましたが、御覧ください。ほかに二タラントンもうけました。」主人は言った。「忠実な良い僕だ。よくやった。お前は少しのものに忠実であったから、多くのものを管理させよう。主人と一緒に喜んでくれ。」

ところで、一タラントン預かった者も進み出て言った。「御主人様、あなたは蒔かない所から刈り取り、散らさない所からかき集められる厳しい方だと知っていましたので、恐ろしくなり、出かけて行って、あなたのタラントンを地の中に隠しておきました。御覧ください。これがあなたのお金です。」

主人は答えた。「怠け者の悪い僕だ。わたしが蒔かない所から刈り取り、散らさない所からかき集めることを知っていたのか。それならわたしの金を銀行にいれておくべきであった。そうしておけば、帰って来たとき、利息付きで返してもらえたのに。さあ、そのタラントンをこの男から取り上げて、十タラントン持っている者に与え

がもたらされました。例えば、山岳地帯による領土の区分や、広大な海による国々の時間的・地理的な隔たりは、明らかに領土を分断しており、不変なものであると思われていました。しかし、もはやそうではありません。飛行機が生まれ、通信手段の通信速度が速くなった今日では、これらの地理的な区分や隔たりが領土を守る、という利点はなくならないにしても、著しく低下しています。

今日、人々がつながり合ってひとつになること（Unity）[*2]、という必要性は、より顕著になっています。原料、商品など、現在の文明のさまざまな製品を簡単に交換できるようになりました。原料や製品の輸出入のために人々が協力する必要性は世界中で共通の認識とされ、国同士を隔てる壁も急速になくなりつつあるものの、人類がそれだけで心を一つにできる精神的な相互理解は、未だ見当たりません。

多くの人にとって、このUnity、つまり理解しあって一つになるUnityということの真の意義とその実現の可能性はまだ漠然としています。

すべての人の心を一つにするには、どのような手順に従う必要があるのでしょうか？

多くの人が、もっと人に親切にする心を持ち、他人のために犠牲になるように促すことが必要だと唱えていますが、そのためにはまず、ひとり一人が周り

よ。だれでも持っている人はさらに与えられて豊かになるが、持っていない人は持っているものまでも取り上げられる。この役に立たない僕を外の暗闇に追い出せ。そこでなきわめいて歯ぎしりするだろう。

＊訳注2　Unity
一つになる。原文ではUnity。結びつき、一つになれること、深くつながる意として解釈し訳した。

と協調性を持ち、自分自身の中にあるエゴイズムと闘って、他人のために役に立とうとする意志を呼び起こさなくてはなりません。

しかし、何世紀にもわたって、すでに人間は他の人のために役に立つ行動をし続けてきたことを見ることができます。実際、今日、他人のために働いていない人は誰もいません。

今や私たちは、生活に必要な物を作ってくれたり、それをさらに新しいものに作り替えてくれる人たちの労働や、その人たちの持っている特殊能力や技術に全面的に頼るようになり、ひとりだけで誰にも頼らないで生きていく、ということはほとんど不可能となってきました。

社会の在り方自体が変化し、私たちがもう自然界の中に住み続けることはできない段階にきています。私たちは誰もが、その必要性から、他の誰かの世話になっていて、また他の誰かのために働くことを余儀なくされています。われわれは、大地が創り出してくれるものだけに頼って生きることはもう出来ず、森の中の果物や、狩猟、あるいは漁業によってのみ得られる物ばかりに依存することもできなくなりました。

私たちは共通認識として食べる物、着るもの、住む家などはすべて、誰か他の人の労働の産物であるという意識を持つ必要があります。

つまり人間を生かすのは他の人間であり、それぞれが他の人のお陰で生きており、それぞれが他の人たちの人生に貢献しているのです。

もちろんこれは自己犠牲の精神によって成り立っているのではなく、自然にそうやってみんなが生活している、という事実があるというだけのことです。

ですから人は、他人に支えられて生きるものであり、同時に自分も他人のために一生懸命働くことで生きていくのではないでしょうか。例えば医師は、自分を診ることはなく、大工の棟梁も、自分の家の家具をつくることはありません。ですから、このような社会的分業は今まで長い間、行われてきたので、ここで私のお伝えしようとしているUnity、人類が一つになる、という目標に近づくために、さらに分業を奨励することは無意味です。

それよりも必要なことは、私たちが人間同士の関わりについて徹底的に見直しを図り、みんなで意識改革ができるように訴える努力をし、その中で新しい考え方を提起し、無関心や無理解といった見えない敵とも立ち向かい、みんなで互いへの感謝の念を抱けるように試行錯誤を続けていくことではないでしょうか。

このように、互いに感謝の念を抱くように意識を変えることは、大人だけでなく、子どもたちと一緒に行うことができます。事実、意識改革は子どもから始めなければなりません。子どもたちに働くということの社会的な価値を考える機会を与え、さまざまな仕事に素晴らしい価値があることに気づかせ、取るに足らないように見える仕事も、すべて人の役に立っていることを認識させることから始めるのです。

個人的な体験ですが、子ども達がこのような働きかけに誠心誠意で応え、結果、人類が気持ちを一つにしなければならない、という考え方を喜んで受け入れている姿をみました。

もし、すべての人たちが互いへの感謝の気持ちを持ち、すべてのものを創造した神聖な力の働きの一部として、自らの良い部分を発揮して協力し合う、という自然界の一部になることができたら、私たちの人生はどんなに簡潔で平和だろうと思います。人が互いに生活に必要なものを生産して助け合い、結果として社会全体のためになる善い行動をとる、というような相互依存の人間同士の関係が発展するように神の恩恵があったことを感謝しなくてはなりません。

ただ、この場合の善い行動、という本当の意味について熟考すべきです。これは慈善行為として感謝されることを期待して行う、というものとは一線を画するものです。このような、感謝されることを期待して行う種類の慈善行為は、病気の治療のため、苦しんでいる人に投薬される薬以上の価値はありません。

ここでの人間の助け合いとは、特別な行動を指しているわけでなく、一般的な生活の中に含まれている行動をさしているので、誰にでも社会のためになる善い行動をすることは可能です。すべての人が普遍的な美徳に参加できるようにする必要があります。

今日たとえていうなら、人間は、自然界の一段上の部分に高台を造って、自分たちの造った環境に一緒に集まって生きているようだといえます。私はこれを超自然（スーパーナチューラ）*3を造ったといえると考えています。あたかも、人間は超自然を作り出したというかのごとくです。

現代社会のすべての問題の正確なビジョンと、共通の関心事の解決策を見つけるための心の明確さを得るために、人間社会のこの側面を見失うべきではありません。

人間は、人体の循環器系と同じような、ほぼ完璧な交換システムを確立するという偉業を成し遂げました。例えば、イタリア人がアルゼンチンの肉やギリシャや他の遠い場所から輸入された製品を食べるのは当然のことです。同じことが外国でも起こっています。とても自然なことです。空の旅は、距離による障壁を失くし、人々の結びつきを可能にしました。

物語は児童期の教育に不可欠

ではなぜ人類が一つになれるような教育をすべきだ、と私たちモンテッソーリ教育者は言い続けているのでしょうか？　世界の連帯（Unity）は、もうこ

＊訳注3　スーパーナチューラ
モンテッソーリ教育の小学校コースで使う用語。元々、自然界にはない人工物すべてを表す言葉。スープラ・ネイチャー、スーパー・ナチューラとも呼ばれる。

こにあり、すでに存在します！

したがって本当に必要なことは、みんながこの現実に気づくことができるように全力を注ぐことです。連帯意識（Union）や一体感を新たに創り出そうという考え方ではなく、人間同士の相互依存と、地球上に住むすべての人たちの連帯意識や一体感（Solidarity）[*4]がすでに存在し、確固としてあることを改めて意識しましょう。

これが、さまざまな時代の中で人類が築いてきた文明の物語が子どもの教育に不可欠な要素である理由です。部族から集団へ、そして国となり、政治的社会の中で異なる民族グループが混ざりあい、領土の拡大、征服による進行、そして個々の必要とするものと利益の相互依存などがそうです。


私たちの文明は互いに行き詰まり状態に達しています。今日ほど人々が互いに依存することはありませんでした。もう誰も一人で生きることも、自分自身だけで十分に生きることもできなくなりました。この知識は子どもたち、そして若い人たちに伝えられるべきです。彼らの意識を高め、何よりも彼らの情熱を喚起し、過去の人間によってなされた偉大な発見への敬意の気持ちと共に、文明と進歩の陰の犠牲への畏敬の念も呼び起こすのです。

これを子どもたちに伝える時に強調すべきことは、先人たちが情熱と信念を

＊訳注4　Solidarity
人類が連帯すること。結束と解釈し訳した。

持って新しい発見をし、ある時は自分が犠牲になって文化・文明の進化に貢献し、高い理想を持って生活を向上させてきたことです。

例えば地理を教える最良の方法は、教科書に書いてある無味乾燥な事実を生き生きと蘇らせて、新発見をするための航海に出かけた先人たちの犠牲を称えてみることなどです。また、科学を教える方法は、多くの科学者の英雄的な生活の物語を織り込むことです。

子どもたちが認識すべきことは、文化・芸術・科学や産業などの、人類に利益をもたらす分野での素晴らしい功績です。多くの場合、人知れず苦労を重ねて苦難を乗り越えた無名の人たちの働きによるもので、その人たちが強い志を持ち、その時代に生きていた人たちのためだけでなく、将来の人類にも役に立つように、との熱意を持って研究を重ねられた結果であることです。

この利他主義の高貴さを、子どもたちに伝えなければなりません。いったい誰が、まだ生まれていない人々のために自分自身を犠牲にするでしょう？　未来のために自己犠牲を払う人たちより利他的な人はいるでしょうか？　これらの優れた人々の生涯と仕事には、利己的なものは微塵も見当たらず、見返りは受け取らず、ただ与えるだけです。このような人たちは、自らが亡くなった後も生き続け、成長発展していくような素晴らしい功績を残すのです。

このように人類が連帯することは非常に美しく、これは太古から生じて未来へと広がり、同様に過去と現在、現在と未来を結び付け、永遠の未来へと続きます。もし子どもたちに、現実に目の前に広がっている世界についての知識を伝えたいのなら、木ほど人間の連帯（Solidarity）のイメージを正確に端的に表しているものはないでしょう。人類の連帯の木の一部である私たちの人生は、割り当てられた期間は極端に短いですが、人類の連帯の木は過去に根ざし、枝は未来永劫に向かって伸びていくのです。

このように永遠に続いていく物理的な面での発展のイメージを持つことで、精神的な面で永遠に発展していくイメージも持ちやすくなるのではないでしょうか。このように具体的なものを通して理解しなければ、抽象的な概念の理解はなかなか難しいものです。

このように、木をイメージしながら人間の連帯を理解する、ということは、単に仲間意識を持つようになる、というようなことではありません。このような、人類のすべてが結束（Solidarity）している、一つのものを成している（Solidarity）ということをしっかり理解すること、すなわち、私たち人間が、過去から未来へ、命を持って現れては消えていきながらも、たくさんの絆で互いに結びついており、そのために何か大きく素晴らしいものの一部を成している、ということがわかることで、私たちは温かい気持ちになり、それは自分の祖国を思う感情を超えるほどです。

教育者としての私たちの仕事は、子どもたちの中に、普遍的な連帯感（Solidarity）に対する強い意識が開花するよう導くことです。

私が少し前に申し上げた、人間性を育てる、育むという考え方をする時に大きな壁となるのが、人間は利己的だという思い込みです。人間は自分は利己的だ、と信じているために苦しみますが、よく考えてみるとそうではないのです。非常に困難で、劣悪な状況下でも、同胞のために働く人はどうして利己的だといえるでしょう？　夜明け前から起きて、みんなが朝早くから、新鮮でカリカリっとしたパンを食べられるようにするパン屋さんはどうでしょう？　では、他の人々が楽に歩けるよう靴を提供する靴屋はどうでしょう？　そして教育者はどうでしょうか？　小さな赤の他人が信頼を持って集まってきたら、その子どもたち全員を喜んで受け入れ、えり好みをせず、愛情と理解を持って全員に接する先生はどうでしょう？

真実を言えば、人間は経済的および物質的な利益を得たり、虚栄心を満たしたり、他人からの尊敬を集めたり、純粋に単なる欲を中心に考えるようになってきたのです。

先人たちの生き様に思いを馳せる教育

私たちは、このように欲に駆られるというような、人として誤った、危険な考え方には断固とした態度をとらなければなりません。

近年、人間の意識はどんどん低くなっており、見えるべきものが見えない状態におり、まるで盲目の人が自分の前に生えている木を、見えないからといってその存在を否定するような状態に例えることができます。だからといって木の存在はなくなりません。盲人を木に触れさせ、その生命と材質を手で感じさせてあげましょう。

先に述べましたように、人類は進歩するにつれて、人造物、スーパーナチューラを作ってその環境に頼って生活するようになったため、自然の一段上の高台で生活している、という言い方で表現できます。私たちのすべきことは、すべての人たちが先人たちの成し遂げた素晴らしい文明文化の進歩の真の価値に気づき、それによって人類が目に見えない形で手を取り合って共に生存し続けているという状態を作り出していることへの認識を持つよう、最善を尽くすことです。

これは教育の大きな仕事です。このように、子どもたちに現実世界が一朝一夕で成ったのではないことを認識させ、その裏には人間が一つの種として深く繋がりあっている事実に気づかせることが教育の大きな役目です。

ただしこのように子どもたちが確信に至るには、単刀直入に説明をするだけでは足りません。「ほら、あそこに光があるでしょう！」と言うだけでは足りません。子ども達には、人類がどれだけ互いの役に立ちながら生存し続けてきたか、その成り立ちや、本質的な意味を余すところなく、かつ論理的に説明すべきです。

とりわけ子どもたちには、人間が自分の利益だけで団結（United）するのではないこと、そして同胞愛の根源には、深い絆が存在することが、どれだけ感動的なことかを理解させる必要があります。キリスト教徒が神秘的な身体について話すのと同様に、世界のすべての人間が、一つの体を形成しているということもできます。このように人類を一つの身体にたとえてみると、個々の人間の役割が見えてきます。たとえばある人は心臓の役割、ある人は血管の役割、肺、骨の役割などを担っているとイメージしましょう。すると、それぞれの役目を果たすことで、血や酸素が循環し、身体全体が機能できるようになる、というようなイメージを持てるかと思います。

もし普遍的な連帯（Solidarity）の認識を、子どもたちに気づかせていく教育を目指すのなら、どんなことを題材にする時でも歴史の観点から考えることが大事で、その重要性は強調しすぎることはないくらいに考えられます。特にインドで、私はこの教え方の有効性を経験しました。

インドの学校でモンテッソーリメソッドを適用した先生たちにお勧めしたことは、地理、化学、物理などの分野で、それぞれの分野での発見の歴史、特に困難を乗り越えて人類の発展に貢献した人たちの物語をリンクさせていくことです。その結果、これらの学校では子ども達の感性と興味の驚異的な目覚めが生まれ、素晴らしい偉人の生活について詳細を尋ねることに飽きることがありませんでした。特に子どもたちは、これらの人間が克服しなければならなかった窮境、戦わなければならなかった偏見、未知の世界や自然の持つ神秘的な秘密を発見するために彼らが体験した窮乏生活などに関心がありました。

子どもたちは頻繁にこれらのヒーローの肖像画を見せてほしいと頼みに来ては、その人たちが生きていた時代において、その功績がどんなに画期的なものであったか、時代背景を知った上で考察しました。また、その人達の研究などが同じ時代に生きていた人たちにどれだけ過小評価されていたか、その上、研究材料や手段がどれだけ限られていたかなどについても徹底的に調べました。

子どもたちは、このような学びを通して、人類の前進に貢献した歴史上の人たち、異なった時代にさまざまな場所で、いろいろな社会階級に属していた人たちに宗教的ともいえるくらいの強い尊敬の気持ちを持つようになりました。結果として、子どもたちは人類が一致団結して世界中の人たち全体を前進させている、ということを、具体性を持った形で認識できるようになりました。

この子どもたちは功績を残した人たちの物語に心の底から感動し、それを見ていた私たちまで心を動かされました。もし私たちの教育の役割が子どもたちの知性を発達させ、共感力を伸ばすことであるのなら、まず私たち自身が知性と共感力を高めなければなりません。

このような考え方を踏まえると、子どもたちに地理や歴史などの学習科目を教える時には、必ずその分野で活躍し、その分野が前進したきっかけになるような発見をした人たちの業績、献身的な姿勢やどのような犠牲を払ったか、ということなどを含めなければなりません。

もしそのような人たちの生き様に触れずに科目だけを教えると、私たちの心はまったく動かず、同時にせっかく人生を豊かにするための教育をしようとしているのに、対象になる子どもたちも、無味乾燥な経験をすることになるでしょう。

もし、より良い人間性の発達を望み、人類を向上させたいならば、ここまで申し上げてきたような考え方に基づいて、人間同士の関わり合いについて考える必要があります。このような広義の人間関係を考えることにより、人類がさらに前進し、人間の知恵の範疇ではないところにおられる神から平等に与えられる愛を受ける資格が得られるのではないでしょうか。

第 3 章

The Absorbent Mind
吸収する精神

吸収する精神

人はみな、教養の高さや、知的に優れているかどうかに関わらず、知らないうちに自然というものに対して心を惹かれたり、素晴らしい自然現象を描写したくなったり、自然の法則や摂理について知ろうとしたりするものです。

例えば天体にある星座の物理的な平衡関係や、花々の中にある調和、昆虫の知性などは、詩の題材になったり、瞑想・黙想をする誘因になったりすることもあります。

宇宙を統制する強力な力がもたらす美しい現象は、私たちの心に深い感動を呼び起こし、私たちの精神をも高めてくれます。自然の光景、神秘的で完全な秩序は、著名な科学者たちを詩人にさせてきました。つまり自然は、詩人や芸術家の叙情的なインスピレーションの源だったのです。

このように考えると、子どもが自分自身を創り出す力があることは、自然の摂理の一部であり、それにも関わらず、世間的に長い間認知されてこなかったのはどうしてなのか、理解に苦しみます。子どもたちへの無理解が長らく続いていた、ということは、人間は他の動物たちに比べて、はるかに優れているのにも関わらず、自分たちのことをよく知らないまま過ごしてきた、といえます。

しかし、この子どもというものは、小さい時にはか弱く、いじらしく、赤ちゃんなんて人生の大舞台の一部ではない、と歴史の中でずっと軽く扱われ続けてきた存在ですが、人間とは何か、という本質を知る鍵を私たちに与えてくれます。

ここで少しお話しさせていただきたいことは、子どもの与えられた素晴らしい天賦の資質を私が確信するに至った由縁である、子どもたちの行動やさまざまな出来事です。これさえ理解していれば、私たちが乳幼児への理解を深め、教育問題に取り組んでいく上での指針を立てることができるようになります。

近年、心理学者たちは、私が今からお話しするような子どもたちの行動の表出はわかりにくいものではなく、大人の目にも明確にわかるものであるというようになってきました。

しかし、大人は自身の無知と自尊心のために子どもたちの表す明らかな行動には目もくれず、いわば子どもたちがどれだけ素晴らしいものを持って生まれてきているか、目の前でその素晴らしさを表出していても、それを無視し続けてきた、ともいえると思います。それはまるで、大人が意図的に子どもに対して無知であろうとしているようにも見えます。

しかし、現在の乳幼児期の研究により、このような心配はすべてなくなりました。心理学的には、子どもたちが生まれて最初の2年間は人生で最も大事な時期であると証明されたのです。その時期には、子どもは自分自身の発達や周囲についてほとんど無意識で、知らずしらずの中に成長し、いつの間にか人として一生涯必要となる基礎的な能力などが身に付くからです。生まれたての子どもが二歳になった状態を考えると、まるで貧乏な人が貧しさから抜け出し、莫大な財産を手に入れて億万長者になったかのような状況に例えることができるほどです。

いうまでもなく、この乳児期は何もできず、なんの能力も持っていない状態から、将来必要となる知的・身体的な能力を発達させる時期であり、その子にとっては人生の第一歩となる時期です。私たちにとっての課題は、これらの能力の最大限の活用とその発達です。

これらの最初の数年間は、その子の人格形成と心身の発達においてとりわけ重要な時期です。この時期には、その子どもにとっての本質的な部分、核になる部分ができるため、これらが健全に発達するように援助されなければなりません。もし、これらの力が逸脱方向に成長してしまうと、軌道修正するのが大変難しくなります。

ご存知の通り、その人の得手不得手、長所や短所などはこの時期に生じ、のちにそれらが統合されて、大人としてのその人を特徴づけることになるのです。

最近流行っている現代心理学、特に精神分析学では、大人の精神状態や心のあり方に対する研究がなされています。これはまるで、大人の心の中に、目には見えない測鉛線*1を落として心の中を探り、その人の性格上の欠陥や不安、心身のバランスの崩れの原因になっていることが、遠い乳幼児期に生じたのではないかと探っているかのようです。

つまり、大人の精神的な傷や、症状の原因になるような経験はほとんど乳幼児の時代に端を発しているため、大人の治療にあたるときには、結果としてその人自身の子ども時代を探ることになる、ということになります。

現代科学は、やっと、私が長年にわたって提唱してきたことを認め始めています。つまり、その子ども自身にとって必要不可欠で、その後の人生にも大きな影響を与える力についてもっとよく知るということでしか、大人を理解し、助けることはできない、ということです。

＊訳注1　測鉛線（そくえんせん）
先端に重い鉛がついているロープで、海に投げ入れて水底までの距離を測る道具。

先ほど挙げたような、傷ついて苦しんでいる大人を癒すという問題を深く突き詰めていくと、結局、考え方を元に戻して子ども時代の教育から見直すべきだ、ということが明らかになると思います。

今日まで、大人は小さくてか弱い、知恵も力も及ばない子どもたちを、助けなくてはいけないと考えてきました。しかし、私たちはまったく逆だと信じています。私たちは、人類が正しい道を見つけるためには、子どもに向かい、彼らに助けを求め、指南を仰ぐことだと信じています。人類を悩ませ続ける種々の社会的な問題や個人レベルの問題を解決する糸口になるのは子どもだけです。

子どもは弱い存在でも、哀れな存在でもありません。子どもは人類と文明の親[*2]です。子どもたちは、私たちが彼らの教育を考慮する際にも、私たちに教えを示してくれる教師です。

これは乳幼児期への大げさな賛美ではなく、偉大な真実なのです。おびただしい数の事実の中から真実を見出すのは難しいことですが、一度真実に気づき、それだけを他の事実から切り離して考えることができたとき、それが一条の光明のように私たちの心を虜にしてしまうことがあります。私は、子どもの中に一条の光明を見出し、それが人類全体を明るく照らしてくれるほどの重大な意

＊訳注2　親
原書はfather。

味がある、ということを見つけたのです。

ここで、奇跡の瞬間のような出産と、家族の中の子どもの存在について少し考えてみましょう。

人間の子どもは誕生の時は貧弱で小さな存在で、まるで高等動物の子孫よりも劣っているかのようです。実際、子やぎと子牛は生まれると直ぐに歩きだし、走り、母親がわかり、その声や言葉を真似します。

しかし、人間の子どもは口がきけず、他の人のことも理解できず、周りの大人がいくらがんばって赤ちゃんに話しかけても、それを理解することができません。彼はまだ言語を持っていないので、私たちを理解できません。たとえ言語使用能力があったとしても、まだこの時期には記憶する能力が欠如しているため、いわれていることが把握できません。

かなりの期間、人間の子どもは動くことができず、頭を持ち上げることすらできません。あらゆる意味において、生まれてすぐの子どもは心身共に不自由な状態におり、人間が生まれてすぐの時期は、普通では想像できないほど大変な状況です。

この、長期に渡る、本人がほとんど無力で、なすがまま、されるがままの状態で過ごすことになる人間の乳児期の意味はなんだろうか、と生物学者の間で疑問が呈されています。このような時期の存在には、おそらく生物学的な理由、または私たちの計り知れないほど大きな宇宙的な使命があるのかもしれません。

とにかく、なんらかの目的があることは確かです。このような長い幼少期の存在が無意味であるはずがありません。人間の人生の初めの何年かの間にこのようなことが起こっている事実を考えると、周りにされるがままになっている状態は必要不可欠なものであるに違いありません。

今日の科学では、乳児期の意味について、先ほど申し上げたように子どもの無力な状態にはなんらかの理由があるはずだという解釈をしています。世界中の医療関係者、生物学の研究者、教育者の方達が、大変な熱意をもってこれを研究し、いつか子どもたちを理解したい、という気持ちのもとに努力していきます。子どもたちを対象にした研究の焦点は、身体面ではありません。身体面においてはすでにいろいろなことが解明されているからです。子どもたちの身体の健康を保つための研究は長く行われ、検査などもしっかり行われて、全面的なサポートがなされているといえます。

子どもの心理的な面での成長は、日々知らずのうちに起こるもので、いまだに解明されていない部分が多くあります。このように子どもたちが自分自身を一から作り出していく能力には、目を見張るものがあり、強い感銘を覚えます。

私たちが子どもの発達や成長に寄り添い、後に彼らが大人になった時に人柄として表されるような原点がどこにあるのかを見定めたり、子どもたちが真剣に取り組む知的な活動をどれだけ活用できるかを考え続けていくことは、本当に貴重なことです。

このことを明確にするためには、運動の発達と言語の発達という二つの例をもって、このような子どもたちの体験がどれだけ将来に影響を及ぼすものになるのかをお伝えしたいと思います。

子どもの動きは、少しずつ命が吹き込まれているかのように、徐々に発達します。手は活動するために目覚め、足は歩行のために目覚めます。それはまるで眠っている人がゆっくりと目覚めていく様子とよく似ています。

さらに驚くべきことは、子どもによる言語習得です。すべての子どもたちは二歳までに話せるようになります。それは物事の自然な成り行きです。もしそうならなければ、いくらおっとりしたお母さんでも心配をするでしょう。

子どもが二年間で話せるようになるのは、一体どうしてでしょうか？　心理学者は、この非常に複雑な現象を、最大の注意を払って研究しています。子どもは2歳でいわゆる母語を話します。子どもは周りから聞いた通りの発音を再現できるだけでなく、他の人に自分の意志を伝えるためには必要不可欠となる、文法まで正しくふまえて、言語を使えるようになります。

言語は、人類によって達成された何千年もの仕事の結果です。お互いを理解するために、ある音に対して特定の意味を決定し、共通の合意によって相互理解の手段を確立したのです。したがって、言語とは、同じグループに属する人間同士の合意の結果といえます。

子どもは、周りの大人と、すでにこの表現方法を身につけた子どもたちの言葉を聞くことで、話すことを学びます。

前に述べた通り、子どもの心理的な発達、特に言語の発達の過程において、子どもは周りの人たちと同様に発音するようになるだけでなく、周りの人たちの使用している言語の特徴的な部分も使えるようになります。たとえそれが難しいドイツ語の文章構成であっても文を作れます。子どもは、大人が言語を学ぶ時にとてつもない苦労を強いられるようなその言語特有の込み入った文法や表現を、難なく身につけます。

さらに注目に値するのは、子どもは大人と同じ方法で学んでいないという事実です。子どもが学んだことは消えません。もっと正確にいうと、子どもは吸収しているのです。

読み書きの能力を持たない人だけで成り立っている国を想像することはできますが、話し言葉を持たない人ばかりで成り立っている国は想像できないのではないでしょうか。話し言葉はどんな子どもにでも深く根付いているものなので、周りからそれを吸収して話せるようになるのです。[*3]

言語の習得により、子どもは将来の大人としての自分を自身の中に形成します。子どもの言語習得は、人生の最初の二年間、すなわち人間の形成に最も重要な意味を持つ時期に行われるため、のちに子どもが後年になって習得する知識は、それほどの意味をもって子どもの内面に影響を与えることはありません。

ここで、日頃私たちがあまり重要視していない、ある事柄について考えてみましょう。

ローマ帝国の子どもたちはラテン語を話しました。今日の子どもたちが学校で、骨の折れるほど懸命に勉強しても、まったく身につけられないことが多い、あのラテン語です。

ローマの子どもたちは、もはやわれわれが知らない発音で、ラテン語を当たり前に話していたのです。また、インドでは、最も複雑な言語が話されていました。学識者たちが、長年の大学での研究の奮闘後に、やっと習得できた言語であるサンスクリット語です。

＊訳注3
原文は"All children learn to speak because language is rooted in them."rooted の部分を「根付いている」とし、原文にはない「周りから吸収して」を加えた。

しかし、何千年も前に、すべての幼い子どもたちは、最貧のストリートチルドレンでさえ、それを流暢に話しました。これはほとんど奇跡のように見えるかもしれません。しかし、子どもたちが大人とはまったく異なる精神構造を持ち、大人よりはるかに大きな力と感性に恵まれた、まったく異なる精神面を持っていることを理解すれば、わかるのは簡単です。彼らは無意識のクリエーターになることを可能にする能力を持っています。私はこの精神構造を「吸収する精神」[*4]と名付けました。

しかし、子どもの心の働きは、水を吸っても絞ったら排出されてしまうスポンジの水のようなものではありません。子どもの心には、永久に吸収されます。それによってその子どもが将来になるであろう大人の人格を身に付けるのです。

子どもの心の働きによって、環境の中にあるいろいろな要素が子どもの人格をつくる要素として取り入れられます。このように、環境の要素を自分の中に取り込んでしまう、ということは遺伝の影響で起こるものではなく、子どもの中に生まれた時から存在する、自分を創る力によるものです。世界中のどの子どもも、このような自然の摂理にしたがって同じような成長の仕方をします。同じような強い吸収する力をもって成長します。

このようにして、子どもが自分を創る力は、ある人種だけに起こる能力ではありません。これは子どもが生まれつき持つ固有の特性です。今現在、人類を

＊訳注4　吸収する精神　Absorbent Mind

「吸収する精神」とは、乳幼児期の子どもたちが自然に学びに向かう力、自己教育力を指す。

モンテッソーリは乳幼児期の子どもの発達過程が著しいもので、その発達は子どもたちが環境と主体的に関わることによってもたらされるものであると強調した。特に「吸収」(absorbent) という言葉を使うことで、子どもの観察力・吸収力の高さを訴えた。

大人の一挙手一投足が子どもに「吸収」されて「学ばれて」しまうことから、大人の襟を正す意味で用いられたと考えられる。「精神」(mind) という言葉は、子ども本人が自覚を持って学習を行っている、という意味ではなく、日頃の生活のどのような部分でも常に学習をしている状態になってい

分断し、争いを引き起こしている人間の考え方の違いは確かに存在していますが、これを変えることは可能である、と指摘したいと思います。このような考え方の違いはすべて子どもの頃に、周囲から吸収することでつくられたものだからです。

　私たちの教育法では数々のやり方で子どもを導くことができるので、人間の形成が私たちの手の中にあることは明らかです。私たちは世界の市民を形成する可能性を持っています。幼児の研究は人類の平和と進歩への土台になるということもできます。

　子どもは勝手気ままに周りの出来事を吸収しているのではありません。子どもの中には確固とした、自然な成長を導く力が働いているのです。子どもの内部では自然の摂理が働いており、成長過程の中でいつどのような物事を吸収すべきか、子ども自身で方向付けています。

　二歳になると、子どもはみんな話すようになり、アフリカの子どもはアフリカの言葉、インドの子どもはインドの言葉、ヨーロッパの子どもはヨーロッパの言葉を話すようになります。でも、先生がいるわけでも、授業内容が計画されているわけでも、試験がある訳でもありません。姿の見えない先生がいて、

る、という意味で使われている。

　この用語を多用したモンテッソーリの意図は、二つ考えられる。

　一つは「三つ子の魂百まで」ということわざにあるように、「吸収する精神」の働きによって、幼い頃に体得した運動機能・言語・道徳性や規範意識の基礎になる部分は歳をとっても変わらない、よって子どもの人格形成の基礎は乳幼児期にある、というもの。

　２つ目は教育の本質は大人が子どもの自己教育力を欲や都合で利用し、子どもをコントロールするものであってはならず、大人の細やかな配慮によって子どもが伸び伸びとした成長をすることを目指すべきものである、というモンテッソーリの強いメッセージが表れた用語である。

子どもたちに無意識に知識を吸収させているのです。なんて素晴らしいことでしょう。

常識ではありえないような例え話を使って説明をさせて下さい。想像の世界という前提で、そこに住む人達全員が、同じレベルの知識、そして同じレベルの知能をもっていたとします。全員が博識で、落ちこぼれている人は一人もいません。だれか、外部の人が「どんな先生たちがいて、どんな学校があるからそうなるんですか?」と聞いたとします。それに対しての答えは、「ここには学校もないし、先生と呼ばれる人たちもいません。生活しているだけで自然に物事がわかるし、わかるようになった自覚もないのです。時として、夜空に星がきらっと光るような感覚で、私たちがいかにたくさんのことを知っているかを意識する瞬間もあります。そんな時には、ああ、私たちはいろんなことを知っているんだなあ、と嬉しくなります。」この話はまったくの作り話のように聞こえるかもしれませんが、実は現世界の側面の一つで、この話が表しているのは、小さい子どもたちの心の働き、という側面です。

六歳にまで成長した子どもの姿は称賛に値します。六歳はたくさんのことを知っていて、文法の構造や仕組みを身につけています。大人が外国語を勉強する際に習得が困難な、言葉の規則に対する完璧な知識を持っています。この時期の子どもは、非常にたくさんの言葉をさらに学ぶことによって自分自身をもっと豊かにしていきます。

子どもは新しい言葉を情熱と共に吸収し、新しい言葉に貪欲です。子どもの心は言葉に飢えているのです。より複雑で奇妙な言葉であればあるほど、彼らにとっては吸収が容易です。たとえば telescope（望遠鏡）、aeroplane（航空機）、trapeze（空中ブランコ）などです。教師は通常、聞き慣れない言葉のハードルを下げて、簡単な語彙で子どもに話しかけようとします。しかし、子どもの心にとっては「易しい」とか「難しい」などはないのです。

子どもにとってそれは、すべて同じなのです。生きているというだけのことで、子どもは学び、耳に入ってくるすべての言葉、特に「新しい言葉」を学ぶというより吸収するのです。

たとえば、新しい車種や新しいタイプの飛行機は子どもの好奇心をそそり、もっと見たい、さらに知りたいという子どもの好奇心を煽ります。子どもは、車が道を走っているだけで車種の判別をしたり、空を飛んでいる飛行機を見かけただけで、どういう飛行機の機種なのかを区別したりすることにおいて、大人よりはるかに長けています。

文明が進歩するたびに、子どもたちはその最先端に強い好奇心を持つようになります。人類の進歩が一歩ずつ歴史に足跡を残していく中で、その足跡自体になって過去の進歩を未来につないでいく役割を担っているのは子どもです。

人類の進化と発展には継続性があり、言語はその中の例の一つです。人間の強みと偉大さは、文化・文明を完全無欠な状態に向かって常に改良、改善を重ねながら構築し続けることにあります。


このように、常に文明、文化を向上させ、継続し続けてきた人間の力によって現代文化がここまで発展した訳ですが、この力は子どもに端を発するものです。すでに申し上げた通り、子どもは自然の摂理にしたがって成長しているため、自分の周りにあることなら何でも、それが難しいことか否かに関わらず、吸収してしまいます。子どもはその吸収した事柄を自らの糧として、徐々に大人となる一人の人間をつくり上げます。そのようにして成長した人間が、過去の人間の歩みを最大限に活かしながら、現在の文化・文明を築き上げていく、いわば建築家であるともいえるでしょう。

東洋の人々、特にヒンズー教徒は、輪廻転生に対する宗教的信念によって、この重要なプロセスであり、この驚くべき現象を説明しようとしています。彼らの考えによると、人は生まれてから亡くなるまでの人生のサイクルを何度も生まれ変わりながら繰り返すため、昔生きていた人たちや自分の先祖からの知恵、経験を受け継ぎながら、次の人生に備えるそうです。さもなければ、子どもたちが乳幼児期のような短期間で、昔の人たちが作り上げてきた文明・文化の蓄積によって培った膨大な量の知識を吸収できるわけがない、というのです。

「子どもというものは、実は子ども自身が生まれるよりもずっと前にこの世に生まれた魂を宿しており、それが輪廻転生によって何千という人生を経験し続けている。」ともいわれています。そう考えると、私が申し上げている「吸収する精神」と表現した事象についての追求や考察が、西洋よりもはるかに深いレベルで東洋において行われてきたといえます。

このように考えると、これまで築き上げてきた文明は子どもの存在があってこそ続いているといえます。すなわち、子どもたちは小さく、か弱く、無防備にも関わらず、このような素晴らしい役割を果たしているのです。このような子どもの存在を考える度に、私は深い感動を覚えます。帰するところ、子どもたちを本当に大事にして、さらに子どもたちについてもっと知ろうとすることは、私たちの義務なのではないでしょうか。なぜなら、人類の直面している深刻な問題の数々を解くための奥の手となるのは子どもたちであり、先ほどの例のように昔から語り継がれてきたさまざまな言い伝えの裏にある真実を見つけ出す鍵となるのも、子どもたちだからです。

しかし、一言付け加えると、先ほどの例のような東洋での子ども理解は、私が「吸収する精神」と表現した事象についての重要性を指摘してはいるものの、子ども自身が内在する力の評価をしていないところが、私の考え方とは大いに異なります。

私たち西洋人は、長い間この「吸収する精神」という現象に気づいていませんでした。乳児期に起こる極めて重要性の高い子どもたちの吸収をする能力と、その働きによって子どもが自分を創る、という過程は、完全に自然な現象で、遺伝の法則に起因するととらえられていました。誕生からの活発な活動過程を通して、子どもは自身の中に潜むエネルギーを使って、人格を形成するとは考えられませんでした。

子どもたちが「吸収する精神」によって自己形成をし、自分を創るということと、それによって文明が進歩し続けているという二つの現象は、まるで神の力を顕現しているように感じられ、神が意図的に新生児を、さも弱々しい存在のように見せながらも、そのかたわらで超人的とも思えるほどの際限のない全能な力を授けたように見えます。

このように考えると、子どもは人類の進歩のために神がつかわした者のように考えられ、教育者の目には、気高く清い、神々しいほどの徳がある存在のように映ります。本当に小さい頃には、子どもは話をすることも、周りの人たちとコミュニケーションをとることも叶わず、ただ生きているだけです。ただ、そうやって生きている中で、人としての自分を創っていきます。

子どもがこのように自己形成をしていく様子は、いつの時代も同じで、子どもたちが経験する段階的な発達は昔から変わらず、どの大陸に生まれた子どもでも間違いなく同じプロセスをたどります。情のかけらもない野蛮な人たちが住んでいる粗末な小屋であろうが、王子様の住むような宮殿であろうが、子どもたちに起こるこのことだけは同じです。

子どもは自らの生き様を通して、常に人類の進むべき道を教え示しており、子どもたちが教えてくれていることの中には、私たち人類の文明の進歩を考える上で最も大切な事柄が含まれています。

人類の向上を願い、それを実現するための新しい方法を探っている人は誰でも、画期的な考え方をもたらす新任の教師を見るような目で、子どもたちに目を向けるべきです。このように子どもから学ぶという姿勢をもってこそ、子どもたちのことを理解できるようになり、それでこそ子どもたちを真に尊敬・尊重していることになるのです。

私はここまでお話ししてきたような子どもについての偉大な真実について何度でも繰り返し、伝え続けていきたいと思っています。また子どもたちの保育・教育に携わっていらっしゃるすべての方たちにも繰り返しお伝えしたいのです。、子どもたちは小さくてか弱いのだから守ってあげなくてはならない、という誤解のもとに子どもたちを束縛し、結果子どもたちの持って生まれた、いきいきとした生命エネルギーを抑止することがないようにお願いしたいと思います。

反対に、子どもたちは、自身の精神生活に必要なことを環境から余すところなく吸収できるよう、また、自分の持てる力を存分に発揮しながら発達・成長できるよう、彼らは自由にさせてもらう必要があります。

この問題については、言うべきことが無限にあります。しかし、限られた時間を考えると、いくつかの基本的な原則しか指摘できません。私たちのモンテッソーリスクールでは、小さな子どもたちが、私たちが教えたこともない、できると思ったこともないことを、自然に実践する能力を現します。これは、彼らの精神に隠された知恵の証拠です。

モンテッソーリ教育学によって教育を受けた三歳の子どもは、自分の手を思い通りに使いこなすことができるようになり、、喜びと共に、人間が生活の中で行ういろいろな活動に取り組みます。

これらの活動により、彼は集中力を養うことができます。私たちは皆、一心に何かに没頭している時、手で何かをする傾向があります。たとえば、紙を折りたたんだり広げたり、巻いたり伸ばしたりという手の活動です。

子どもは作業をしながら考えています。子どもにとって身体的な活動は知的な活動と別物ではありません。実際、文明は人間の知性と実地労働の両方で成り立っています。人は頭の中だけではなく、実際に手を使って創りだすのです。

私たちは子どもが喜んで仕事をするのを目撃しました。四、五日何も食べるものがなく、ひもじい思いをしていた人に、やっと食べ物が与えられた瞬間のように、むさぼるように子どもは仕事に没頭したといってもよいかもしれません。

イギリス人はうまい表現を作り出しました。精神的飢餓、つまり精神の栄養失調という表現です。知的作業の手段がない環境にいる子どもたちに見られる症状について、彼らは明確に述べています。

モンテッソーリスクールを設立し、運営する人々の仕事は、まるでスラムの貧しい子どもたちのためにスープキッチンを開く、いわゆる「良きサマリア[*5]

＊訳注5　良きサマリア人(good Samaritans)
新約聖書のルカによる福音書に出ている「敵味方関係なく他人を助ける人」に出てくる英語の慣用句の喩え。

人」と呼ばれる人たちに似ています。

子どもの人格が変わるのは、適切な仕事と活動を通してです。食べ物が、飢えた人間の活力を蘇らせるのと同じように、仕事は子どもの発達に影響をおよぼします。子どもたちを観察すると、その子自身が心惹かれる活動に没頭して取り組むことで、子ども自身が開花していく、といっても過言ではないような成長がみられます。私たちが期待していなかったような面での成長をする姿がみえます。子ども自身は自分ができるようになったことに非常に満足し、満面の笑みをたたえる姿をよくみせます。

子どもの人格形成が起こるのは、このような瞬間です。このような人格形成の過程が滞りなく進んでいくために、教育者はそのプロセスを司っている自然の摂理を心して読み取る姿勢を保つことが必要です。これは年月とともに変化していく子どもの行動を観察した私が、子ども自身から学んだことです。子どもの活動について解明するには、どんな哲学者や教育学者の著作よりも、子どもの実地観察の方がはるかに優れていることが明らかになりました。

子どもは自由な環境を与えられれば、学び、教養が身につき、知識を吸収し、自分自身の人格形成に深い影響を及ぼすような経験を得ることを私は観察しました。まるで肥沃な土地に植えられた種子のように、彼らはすぐに発芽し、実を結びます。

このような自然の働きが機能するためには、ある一定の時間が必要で、焦りは禁物です。イギリスの心理学者たちはこのような自然のプロセスには時間がかかる、という秘訣を知っており、人は無意識のうちにも脳が働いていることを計算に入れなければいけないということを熟知しています。

例えばこんなことです。ある問題を解決しようと無駄に夜通し働いた男が、それまでの努力を放棄して、眠りにつくことにしました。翌朝、解決策が明確になっている状態で目を覚ましました。彼が眠っている間も、脳は働いていたようです。

私たちの学校の子どもたちは、休暇から戻ると、休暇前よりも、より多くの知識を得ています。多くの学校では、学期の初めに子どもたちが「すべてを忘れただろう」と想定するため、前期に行われた授業が繰り返されるのです。

新しい教育者

ここでもう一度申し上げますが、教育者たる者は子どもを自分の師と心得るべきであり、それによって必然的に教育者としての自らの態度を改めなければなりません。何よりもまず、教師は自分がその子どもについての知識をきちんと持っているか、自分は愛に基づいた態度で子どもたちの教育に携わっているか、ということを教師は自ら問いかける姿勢が必要です。

教師自身がこのような姿勢を持っていれば、その人は多くのことを学ぶでしょう。その教師は内面の変化を伴った大きな成長を成し遂げ、その変化の大きさは新しい信仰に出会った人を彷彿とさせるほどです。さらに、心の新境地に達することができた、という気づきが生まれ、自らの仕事に対しての熱意を新たに持つようになります。今まで持っていた自分を誇りに思う気持ちさえ、新しい理念に向かって自分自身を捧げたいという強い想いに取って代わるでしょう。

はかりしれない力の数々が子どもの中に存在し、それは子どもの活動を通じて自然に現れることを教師が理解すると、その人の姿勢が改まります。もはや能力のある者が、それがまだできない人を見下すような態度ではなくなります。なぜなら、子どもの中にあるこれらの力はかけがえのない大切なものだと理解し、その価値が存分に発揮されなければならないと思うようになるからです。

人類はこの新しいタイプの教育者を切実に必要としています。この大会の中ですでにお話したように、人間を「育む」姿勢で教育にあたることは、生まれてすぐに始められるべきなのですが、それだけではなく、教師がその任務を遂行するのにふさわしいだけの器を持っていなければなりません。

このような意味で、人間を「育む」ことを目標としている学校は、教師たちが一生懸命子どもたちを勉強させることに献身的な現代の学校とは一線を画すものです。私の見解では、学校は発達の援助をするものとみなされるべきです。発達渦中の心の渇きは、飢餓状態の身体の飢えによく似ています。

子どもたちは、すべてを知りたいという思いで多様な質問をたくさんしてきます。不幸なことに、教師は一般的に、ほんの少しのことしか知らないのです。オランダやインドで、教師たちが博物館や公共図書館で研究に没頭したり、大学の教授からの助言や指導を求めている姿を何度も見かけました。その教師たちは、５、６歳の子どもたちが授業内容から深い印象を受けると、自主的にその主題を掘り下げ、もっと調べて事実関係を知りたいと言って質問をたくさんしてくるので、それに答える準備をしているのです。

子どもには、全部の答えを与えられなければなりません。それが彼を熱中させ、子どもだけではなく教師側をもさらなる探索に向かわせ、活動に対して一心不乱にさせるのです。また、私たちの学校の教師の精神生活も豊かになります。例えば、研究調査は、未踏だった分野に彼らを連れて行き、彼らの視野を広げ、以前は未知で存在すら知られていなかった芸術と科学に精通させてくれます。彼らは仕事に夢中になり、子どもたちとワクワクしながら共同作業をし、頻繁に子どもたちの研究に自分も参加し、科学などの知的な活動とともに、実際に身体、特に手を動かす活動も一緒に行います。

例えば植物学の分野では教師と子どもたちが一緒にいろいろなことを調べたり考えてみたりしながら、葉や花の標本をたくさん作ったりします。

このようにして、学校は生活そのものになります。もし教育がこの方向に発展しなかったとしたら、私たちは学校に何を期待できるでしょうか。

学校は革新的な考え方で満ち溢れ、賢明な判断ができる教師たちによって、いきいきとしたものにならなくてはなりません。その教師たちは、どこの誰よりも自然の摂理に適った教育法に精通して、それを貴び、実行する力のある人たちです。

非常に大切なことは、それぞれの人が、適切な環境の中で生きることで、自然から与えられた力を自然の摂理に従って最大限に発展・成長していけるはずだ、と本気で信じることです。経過がすぐに明らかにならず、結果が当初予想したものではなくても、自然の設計とその法則に対する信頼を持ち続ける必要があります。

教育者の態度は、子どもに対する母親の態度と似ているべきです。

同じ年の子どもはみんな話ができるようになっているのに、自分の子どもはまだ話すことができていないという状況にいると仮定しましょう。そんな時でも、母親は子どもが相応の発達段階に至ったら話せるようになると信じており、話すことができるようになったときにまだ発語が不明瞭であっても、子どもを信じ続けて話し続けるように促し、ほんの小さい進歩でも一緒に喜びます。母親は、子どもがいつの日か、その子だけにしかできないような言語表現を口にすると知っているからです。

教師もこの母親と同じように、子どもに確信を持つべきです。まさに教師はこのような母親の姿に感化されるべきです。その気持ちを生かし、、子どもたちの進歩がどんなにゆっくりであろうが、どんなに小さかろうが、この母親のように希望の印として喜ぶべきです。それだけではなく教師は自分が責任を持って教育に当たっている子どもたちの本来の自然な成長を妨げたり、あるいは遅らせる誘因になるようなことを調べ、状況を改善しなければなりません。

教師は、自らの任務についての強い確信をもてるよう、自己研鑽に励むべきです。そうしてはじめて、教育を通して新しい世界を創造することが可能になります。しかし、もしこの最高の目的を達成するならば、教育方法も根本的に変え、徹底的な調査とひたむきな研究によって導き出された原理によって整えられた環境の中で、子どもの精神的発達を積極的に支援しなければなりません。

第 4 章

World Unity through the Child

子どもを介して世界が一つになること

子どもを介して世界が一つになること

はじめに、この大会の日程中、有り余るほどのあたたかいお言葉を下さった多くの参加者の皆さまに心よりお礼申し上げます。この大会は、私が願っていた以上の成功を収めたと言っても過言ではないと思っております。

この大会の成功は、ご参加いただいた素晴らしい参加者の方々によるものだと確信しておりますが、成功した理由はそれだけではないと思います。

私は、この大会の中で参加者の皆さま全員と、言葉に表し難いような、素晴らしい気持ちを共有することができ、結果、心を一つにすることができたように思います。このお陰で、大会中に交わした私たちの言葉が、非常に内容の濃いものとなり、日頃の何気ない会話と比べると、高次元のものとなりました。非常に前向きな雰囲気の中で大会が進められた要因は、私自身にあると言って下さった方々もいらっしゃいました。お言葉は大変有り難いものですが、私自身は、そうではないと感じています。私の存在などよりも遥かに大きなものによって、私たちの間に強い絆が生み出されたように思います。

　このような大会ではありがちなことかもしれませんが、みなさんにとって耳新しい内容はほんのわずかなものであったと思います。しかし、内容はわずかながらであっても、今後果たして行かねばならない私たちの仕事の礎となるものであり、私たちが新しい教育を始めていくにあたっては大変重要な意味があり、その実行にあたっては大いに役に立つものです。

　私たちの仕事は私たち自身が、子どもについて考えたことが確実に反映されるものだと思います。特に、文化・文明を構築し、人類の進歩を実現する存在として子どもの存在をとらえることで、私たちは確信を持って新たな道を歩み始めることができます。この道は、人類が抱える深刻な問題を解決へと導いてくれると確信しています。

　ともすれば方向性を見失い、さまざまな問題に直面して硬直状態に陥ったりしがちな私たち人類は、長年の間、調和を求めて歩んできました。この調和とは、平和への希望と、人間として必要最小限の需要や欲求を満たすという、二つの側面がどこかで重なりあう地点を探し、それを共通理解することです。

　しかし、そのように共通理解できるような地点はまだ見つかっていません。このような共通理解に至るためには、まず人種や他の文化、および諸外国に対する偏見をすべて取り除くことから始めるべきだという人達がたくさんいます。

では、自分や他の人々の人生と切っても切り離せないと思われているこのような偏見の要因を手放すことは可能でしょうか。否定的な第一歩、つまり、今まで世界の中に蔓延してきた、また社会の仕組みを成り立たせてきた考え方を一掃することによって、人類全体を根本から建て直す作業を始めるのは無理だと思います。

それよりも、私たちは新しく確信することから第一歩を踏み出すべきです。先ほど申し上げたような、人間の基本的な欲求を満たすために必要だと世の中で合意されていることと、すべての人たちが持つ希望が重なり合うところは存在するに違いない、という確信です。つまり、子どもを介して世界が一つになることを目指す、という意思を明確に述べることです。

何も所有していないのに人々に希望を抱かせる子ども。富裕層の家庭であれ、貧困層の家庭であれ、世界のあらゆるところにいて、どの人種にも、どの国々にも子どもはいるのです。政党やその他の社会的格差や矛盾について何も知らない子ども。どこで生まれようと、同じような特徴を持ち、どこから来たのかわからず、常に奇跡的であり、かつ、将来は未知である子ども。

大人たちが手を取り合って一つになる、という状態が、大人の理屈に訴えることで叶うという期待はほとんど持つことはできないと思います。大人たちの心が動くことで初めて調和が生まれるのです。

子どもは、どんな大人の中にある感情に対しても、まんべんなく同じように、強烈に感情を揺さぶります。これらの感情の揺らぎは大人の性格や、周囲の物事への認識を根底から覆すほどの力を持っています。

私たちは毎日、このような例をたくさん目にしています。なりふり構わずお金と権力を求めて仕事にばかり没頭している男性の方々が、自分の子どもが生まれると一変する、ということがよくあります。父親になると、彼らはさらに一生懸命働くでしょう。しかし、彼らはもはや富を蓄積するという利己的な願望によって動かされているのではなく、子どもたちに大きな財産を残したい、自らの努力によって彼らを豊かにしたいという願望によって駆り立てられるのです。

家庭に子どもが生まれると、いつでも、同じことが起こります。子どもが生まれると、エゴイズムは寛大さに置き換えられ、無味乾燥した心は、優しさで満たされます。子どもは周りにいる人たちの感情を深く揺り動かし、清く正しくありたいという気持ちを起こさせます。

したがって、子どもは世界共通の精神的な原動力であり、愛や、高次元の心の働きの源泉となるものです。子どもこそが、真に世界中の人同士が心を一つにするための切り札なのです。

私はいろいろな国で教師養成コースを行なってきましたが、コースの内容にのめり込むといってもいいほどの意気込みと知的興味をもたれる参加者がたくさんいらっしゃいます。その意気込みと興味がいかに強いものなのかひしひしと感じる経験をしました。これは、コース自体の焦点が子どもであったからだと思います。

私のコースに参加された方々は、共通点が皆無と思われるように非常に異なった立場の方達で、若い方からお年を召した方まで、すでに先生になられた方から保護者の方まで、他にも医師や弁護士の方々、知的労働や肉体労働で生計を立てている方など、さまざまな方達が、私の話の主題が子どもである、というだけで参加されました。

インドでは、ヒンズー教徒の方々とイスラム教徒の方々が考え方の違いを一旦据え置き、コースに参加されました。また、裕福な方とそうでない方、カースト制度の最も低い位置に区別されてしまっている方々も同様に、個々の違いを超えて同じコースに参加されました。

コースの中で、私が子ども達の成長を導く神秘的な力の数々と、それらの力が限りなく豊かであることをお話すると、その内容の説得力の強さに参加者の方達が、みなさん膝をたたくように納得されていくのがわかりました。それは、私のお話しした奇跡のような不思議な存在の子どもたちの姿に、それぞれご自分のお子さんたちの姿が重なり、ピンとくるものがあったからと思います。

少し前に私は、すべての家庭、すべての家族において、子どもは同じ特徴を持って生まれ、どこの国や場所であろうが同じように愛と共に受け入れられると言いました。これが、私のコースの内容に皆が興味を持った理由でした。私は授業をしながら、多種多様な背景を持った参加者の方々、ヨーロッパやアジア、ヒンドゥー教、イスラム教徒、最高位のバラモン、下層階級の人々など、非常に多くの異なる人々で構成される聴衆が、少しずつ変化し始め、その変化は変身といっても良いほどの大きなものでした。私はこれを不思議に思いました。

これらのグループを分断していた敵意が、徐々に弱まっていったのです。ピンと張り詰めたような雰囲気が緩み、粗野で横柄な態度の人々が笑顔になり、お互いに話し合い、ディスカッションをし、個人的な体験や人生のエピソードを語り始めたのです。少しずつ友情が芽生え、社会によって作られた隔たりが消えていきました。これらの人々はカースト制による強い敵対心や、根深い宗教観の違いを脇に置いたのです。

美や強さ、知性とはまったく関係のないような新生児が、そのかけがえの無い存在だけで奇跡をもたらし、そこにいる人たち全員を一つに結び付かせたのです。これだからこそ、子どもは人と人を結びつけるかすがいとして、世界中どこででも普遍的に人々を結びつける存在だと思うのです。われわれが円満に調和を持って相互理解に至るための唯一の希望は、もう子どもしか残されていないことを私は繰り返し唱え続けていきたいのです。

しかし、子どもの役割は、人類共通の感情に有益な影響をもたらすだけではありません。別の観点からも子どもを考慮すべきです。

最近では、医師、心理学者、精神科医、精神分析医は、成人の多くの欠陥や精神的逸脱は、幼児期に起因していることに同意しています。もし、ある人が精神的に苦しんでいる場合、その人が、幼少期に家族からの愛情を十分に受けられず、尊敬されず、守ってもらえなかったということがよくあります。そのため、いつも何かあったら飛び込める懐、いわば心の拠り所がないまま育ち、その子について第一に考えてくれるはずの家族から否定されて育ってしまったのが原因である、ということがよく言われます。

したがって、人類というものが自然に育つための基盤は愛にあり、愛こそが子どもたちが自然に育つために最も必要な条件である、という見解に、ここにいる私たち皆が賛成できると思います。

残念ながら、日々の暮らしの中で、私たちは愛を拠り所にしていません。愛は、宗教の教義の一つです。ごく普通のありきたりの生活を送っている人たちは、これとはまったく異なる、欲・嫉妬心・競争心などに駆られて毎日を過ごしており、これらは現代の生活に蔓延しています。

もし、生きるのに精一杯な人たちが、毎日の雑事に追われる日々から一変し、新しい生き方をみつけるきっかけをつかめたらいいのに、と私たちが願うなら、子どもに目を向けるしかありません。子どもに触発されて高まった愛の精神は、非常に大きな計り知れないほどの影響を周りに与え、人間が根底から大きく変わる要因となります。

これを踏まえると、世界の人たちが手を取り合って力を合わせる状態を創り出すという教師としての使命は、一貫して子どもへの強い関心を持ち続けることに軸足を置くことで達成できるのではないかと思います。世界の大人たちを一つにする威力としては、子どもへの愛を持つことと、子どもへの強い関心を持つことに勝るものはありません。

子どもを対象とした研究により、従来の教育が無視してきたことが、実は大切であった、ということが明らかになってきており、このことについて、私は皆さんに注目して頂きたいと思います。たとえば、子どもたちはどこで生まれようと、ほぼ同じような状態で生まれてくるという事実を考えてみてください。

この事実は、私たちが科学的だと思い込んできたさまざまな考え方と矛盾しています。昔から私たち人間は遺伝と進化、特に動物と人間が遺伝的にどのようにつながっているかについていろいろ議論してきました。

科学者たちは、ほぼ一世紀にわたってこの問題の研究を掘り下げてきましたが、説得力のある結論に達することはできませんでした。このように、人間が遺伝にどれくらい影響されるのかはっきりした答えが出ないことが、諸説が乱れ飛ぶ一因となりました。

一方、子どもについての研究は、子どもたちの成長が遺伝だけの影響によって大きく左右されるものではないということをはっきり証明し、それでこそ動物と人間には雲泥の差があるということが判明したのです。

もし、そのような遺伝的つながりが存在するならば、賢い父親の子どもは、父親そっくりの賢い人になる、ということになってしまいます。さらに、人間の子どもは言葉も発せず、ほとんど自分では動けないような状態で生まれること、他の動物たちが生まれてすぐに自分で動けたり、一人であちこち行ける上にコミュニケーションの仕方もみるみるうちに習得していくことと比べると、仔牛や子猿の方が人間の子どもよりもはるかに知的に優っているようにみえませんか。

もしこのような条件で人間と動物を比べてしまうと、進化の歩みという文脈においては、人間は前進しているというより、後退しているように見えるでしょう。実際、もし遺伝ですべてが決まるのであれば、人間は誕生後すぐに働くことができ、みんな天才になるはずです。

しかし私たちは、本当はその逆であることはわかっています。乳児期の間、子どもはほぼ休眠状態のような期間を過ごします。誕生後、子どもは動物としては例外的ともいえるような期間、他の動物には見られない人間ならではの特徴的な期間を過ごします。この期間の意味については一考の価値があります。

人間の乳児期における長い精神的な睡眠期間には、隠された理由があることは間違いありません。私は、これを、人間が生きとし生けるものの中で、非常に優れた存在である証拠と解釈してもよいと考えています。

このような幼少期に特有の現象は、人類の誰にでも、全く同じ形で同じように現れます。太古の昔に生まれた中央アフリカの子どもたちも、文化・文明が比較的発展している地域の子どもたちと同じような幼少期の特徴を表します。

使う言語があまり複雑でなく、文法的にもシンプルである大昔の子どもたちも、他の言語を使うすべての子どもたちと同じように、二歳くらいで話しができるようになります。子どもは、人生の最初の期間、推測や論理性を持たない存在で、ただ新しく生まれ出た存在です。この発達の初期段階においては、子どもにとって複雑なものと単純なものの違いはなく、また簡単なものと難しいものの区別もしません。環境のすべてがまるで奇跡のように、子どもの精神に入ってきます。子どもは私が「吸収」と呼んだもののプロセスによって、徐々に自分の知覚と理解の領域に入ってくる知識を、自分自身の一部として刻み込みます。

子どもは自らの属する人種ならではの特徴や、自国の風土、自分の家族の暮らし方などを「吸収」し、自らがこれから成長していく原形、いわば原動力の核が造られていきます。この中核部分は、よく遺伝によって形成されるといわれますが、それは誤った認識です。

この現象は科学者、特に生物学者を感動させるはずであり、とりわけ、人間が動物を祖先とすると主張する理論に、致命的な打撃を与えます。人間は動物としてすべての特徴を子孫として受け継いでいません。この点に関して、私が何度も同じことを指摘するのをお許しください。

生命が初めて地球に出現してきた頃、動物は人間よりも高等な種に属していたかのように見えます。たとえば動物は、それらが属する種の法則に規則正しく従いますが、人間はそうではありません。

トラは間違いなく他のすべてのトラと同じように行動します。またある特定の木や草、昆虫だけを食物として生息する動物は、常に自然界の摂理に従順です。一方、人間の子どもはそのようなものから自由に、制約から解放されて生まれてきます。このように考えると、人間の子どもは世界で大変珍しい唯一無二の存在だと考えられます。

それに加えて、今までの文明の中で人類が成し遂げてきたことも、遺伝によって次世代に受け継がれるものではありません。このこと自体、私たちがさまざまな歴史の場面を振り返って考え直したり、良かったと胸をなでおろすきっかけになるかと思います。

人間の本質は悪ではありません。なぜなら人間は、祖先から遺伝としてそのようなものは何も受け取らないからです。たとえ祖先が文明の影響を受けずに生活している人たちであろうが、最先端の文明の恩恵を受けて生活している人であろうが、それは変わりません。また、人間には、見ず知らずの動物たちの血が脈々と流れていて、残酷な本能が備わっていることもありません。

このように考えると、人間は遺伝的な影響からも制約を受けない、自由な存在であるといえます。そして、人間には隠れた素晴らしい精神的な能力が秘められており、その能力の発達は、与えられた環境の条件次第によるといえます。

これは何度でも繰り返して申し上げたいことなのですが、人間は将来どのような人間になるのか、生まれた時から定められてはいません。

子どもの精神の中には、環境によって負の方向、または正の方向に影響を受ける、非常に強い力の核といえるようなものが存在します。この紛れもない事実は、私たちにとてつもなく大きい心の平安をもたらし、何より教育分野での実践の方向性を示してくれるものであり、これこそ人類が将来に対して持っている希望のひとつ一つに応えるものだと思うのです。

教育的な活動をする時、私たちが覚えておくべきことは人の行動は否応なしに遺伝の影響を受けているのではなく、その人自身の中でどのような行動を起こすのかが決められるということです。だからこそ間違った行動を起こす人たちが後を絶たず、だからこそ教育の場が不可欠なのです。

このように、自らの行動は自らが決めるということを考えると、現代人の間で、自分の行動について責任を持つという気持ちが広がっていくのではないでしょうか。幼い頃から子どもは、より良い自分に向かって継続的に発達できる環境が必要で、そのような場所で自らの学びを達成するために、必要な時には、精神的援助を受けられるようにしなければなりません。

このような教育面の援助がなければ、人間の人生はどんなに波乱万丈で、不自由なものでしょうか。なぜなら人間には持って生まれた強い本能というものがなく、そのようなものに頼ることができないからです。

生物学と心理学の研究、そして子どもの研究が、子どもが成長・発達していく原理を解明し、この素晴らしい人間の発達という現象に光を当ててくれるでしょう。

すでに触れましたように子どもの心理的な発達と成長は、子どもの中の潜在的な可能性によってもたらされるものですが、これらの可能性は誕生後、最初の数年間は表出されないままになっています。時間を経て、この可能性は昔から作用してきた人間発達を司る不変の法則によって、徐々に表出され、形をなしてくるのです。

これらの法則を知らずに教育をすることは不可能であることは明らかです。ここで何よりも大切なことは、大人は従来の子ども観とはまったく異なる姿勢で子どもと向き合い、子どもの持つ可能性や内部に秘められた力への畏敬の念を抱きながら子どもたちを正視・観察し、子どもの内部で起こっている「奇跡」ともいえるような素晴らしい発達に心から敬意を払うことです。

子どもについて研究する中で深い感銘を受けたのは、子どもの成長する可能性の範囲がどれだけ自由で無限なもので、どんな環境にも柔軟に応じていくということです。繰り返しますが、子どもは遺伝に強い影響を受けて束縛されるような状態で人生を始めるわけではないのです。

例えば、フランスで生まれ、生後数ヶ月でアメリカに移住した子どもは、すぐに新しい環境に順応し、英語を学び、現時点で住んでいる国、アメリカでの文化や慣習を吸収するというような姿を見ることがよくあります。このように新しい環境に適応することが可能な理由は、子どもは自分の発達の過程に必要なだけの力を存分に持っているからですが、この力はある一定の年齢に達するとだんだん消えていきます。

このように子どもたちがある年齢の間、柔軟に環境に適応して育っていく、ということをしっかり認識することこそが、教育は全人類を一つにする最も有効的な道具となるかもしれないという希望で私たちを満たしてくれます。これを達成するために、教育は子どもの自己構築力が、究極の精神的な自立に向かうよう導いていくべきです。これを実現するためには、奇跡ともいえるほどに素晴らしい子どもの適応能力を最大限に活用し、利他的な考え方、そして愛という理想を持ち続けていくことが大切です。これを礎にすることで人類が最も切望する願い、つまり世界平和を達成することが可能です。新生児を見ていると、平和運動へ導いてくれる先導者の姿が見えるようです。

教師の責任

では教師の責任を考えてみましょう。

教師から期待されるのは、平和を求める姿勢や他人の利益を優先にできるような善や美徳を内包する種子のようなものを育み、それが開花できるようにすることです。

この結果、教師は将来の大人がどのような人たちになるのかに影響を与え、未来社会の在り方に決定的な影響を与えることになります。

幼少期というものは非常に短い期間ながら、人生の中で最もデリケートな時期です。もしこの期間にそれぞれの子どもの精神や心の働き方が望ましくない不健全な方向へ大きく外れると、拭い去ることが不可能なほどの影響を与えうる時期だからです。

教育は、子どもの精神的エネルギーがその子にとって不健全で不自然な方向へ逸脱するのを防がなければなりません。それによって、その子どもが人生の岐路に立たされた時、それまでの間に育まれてきた精神的な力、心の強さによって子どもが正しい道を選ぶことができ、結果、人類全体が生きるべき方向へ向かって進んでいけるのです。

私のお話させて頂いたひとつ一つの内容について、皆さまに深い興味を持っていただけましたことを本当に嬉しく思っております。われわれひとり一人が、子どもたちへの貢献をしながら、この新しい道を共に進みたいと願っていることは間違いありません。私たちそれぞれの立場や違う視点によって教育問題への取り組み方が異なったとしても、そのような細かい違いなどを超越した考え方のもとに私たちは一つになることができます。おそらく今日まで、この考え方は、ぼんやりと不明確だったかもしれません。ですが、生命の初めから子どもの精神には大きな力が潜んでいるという確信を持ち、これらの活力が消えて完全になくならないよう、子どもの全面的な成長を適切に支援すること、これが私たちの仕事です。

このように表明するということは、乳幼児期の保育・教育にあたる大人、教師の準備を適切な形で行うことに細心の配慮をする覚悟がある、ということにつながり、このような教師養成の必要性は世界各地で痛感されています。

この件に関して、インドの教育者バット・ハープラサッド[*1]が言った非常に興

＊訳注1　バット・ハープラサッド(Bhatt Harprasad)

ボンベイのバット・ハープラサッド教授は、六日目の会議(8月27日)で「六ヶ月から六歳までの子どもの教育―結果と観察」について講演を行った。

味深いことに注目していただきたいと思います。彼は、モンテッソーリ教育法をゼロから六歳の子どもたちに適用した時に、どのような観察結果が得られたか、という経験について非常に美しい言葉で講義をしました。

乳児・幼児の教育は、さまざまな事情が複雑にからみあって、非常に深刻な問題を抱えています。しかし、インドに住んでいる人たちは、豊作のためには適切な季節に植物を植えることが必要で、それによって太陽の力を最大限に活用できることを知っています。私は、この課題の重要性が至るところで認識され、子どもを可能な限り最も適切なやり方で教育するために、子どもたちが幼い頃に持ち合わせている、計りしれないほどの大きな力が認識されることを願っています。繰り返しになりますが、私が「教育」という言葉を使うとき、私の真意は、教育という言葉のもとに、ひとり一人の子どもたちが自身の中に非常に大きな生命のエネルギーを持っていることを自ら実感できるように援助する意味で使っています。

ここに理想的な教育者の果たすべき任務を挙げてみます。

まず、人間の日頃の生活が向上することを願って、子どもの精神が実際どのように働くかを常に考えること。大きな意味で人間を救うという志を持つこと。

長い人生の中で自分自身を見失うことがないようにすること。子どもたちが生活の中で社会からの逸脱や精神的に不安になったり神経のバランスを欠くことがないように配慮すること。また、日々のさまざまな問題に立ち向かえるように、子どもたちが強い道徳心と善悪の判断力を持ち続けることができるよう、教育の場で心掛けることです。

したがって、教育者に課せられた仕事は、人類の進歩にとって計りしれないほど大きく、世界の平和への鍵は教師の手にかかっています。

私の講義にご参加いただき、ありがとうございました。

皆さまの積極的なご参加と熱意のお陰で、私自身が大きな希望に満たされた気持ちです。この希望とは、長い人生の中でずっと私を駆り立ててきた壮大な理想が、皆さまのお仕事を通じて、やっと実現されるという希望です。このような気持ちを皆さまからいただきましたことが心から嬉しく、深く感謝申し上げます。

あとがき

マリア・モンテッソーリのキャリアは「当たり前を覆す」ということから始まりました。「医者になるのは男だけ」という常識を破って医大に入学、好成績で卒業。その後「障がい児には教育を施す意味が無い」という大人の勝手な思い込みに疑問を呈し、教育される権利を否定された子どもたちへ画期的な教育を実践し、社会の評価を得ました。さらに、「幼児は放っておけば悪い事ばかりする」「幼児は物事の良し悪しがわからないから、一つずつ教えてあげないとロクなことにならない」というような世間で正論とされてきた大人の考え方を実践の場で覆し、たちどころに有名になりました。

「当たり前を覆す」というメッセージを世界中で熱烈に訴え続けたモンテッソーリがキャリアの終盤になって行ったのがこの本に収められた講演です。この講演が行われた一九四九年は、世界中で一躍有名になった最初の本「モンテッソーリ・メソッド」が出版されてから四十年の時です。講演やトレーニングコースの開催のために世界中を駆け回り、第二次世界大戦中のインドでの拘留も乗り越え、戦後改めて祖国に帰り、その歓迎に心が熱くなったというところから講演は始まります。

第一章はその勢いで、モンテッソーリ自身の教育への熱い思いがほとばしっている内容になっています。

講演中、モンテッソーリが教育の理論・実践の根幹となるべき事柄を能弁に、かつ超特急のスピードで、聴衆が、きっと自分の猛スピードについてきてくれている、と信じて語っていただろうと想像できます。それは、モンテッソーリ自身が聴衆として集まっている人たちに一章と四章で謝意を述べていることから伺えます。そこに集まっていた人たちは、「当たり前を覆してきた」モンテッソーリに賛同し、彼女の歩んできた道の後ろを必死で追いかけてきた人たちではなかったでしょうか。

実際に第一章の中では、モンテッソーリが「教育」と「生まれたての赤ちゃん」のイメージをたくみに比較するところから始まり、そこから突然、第二次世界大戦中の矛盾に満ちた悲しみ・痛み・憂いに触れています。数年前に終わったばかりの戦争の体験は、聴衆にとっては生々しく、現実そのものであったと想像できます。

そこでモンテッソーリは問いかけます。

人類に調和は訪れるのか？

その答えはどこにあるのか？

人間が互いの正義を振りかざし、互いの非を咎め、攻撃する。その歴史は繰り返されるのか、それとも・・・？

人類に未来はあるのか？　と言わんばかりのモンテッソーリは、講演を進め、「モンテッソーリ教育で押さえるべき要となる重要なポイント」について語っています。

本書のそれぞれの章の中で特筆すべき点を、歌舞伎であれば「これぞモンテッソーリ！」と大向こうの掛け声がかかっているであろうと思いながらここに挙げてみようと思います。

第一章

- 子どもたちを「教える」、という上から目線で教育を行うのは人類の未来を明るくする教育ではない。教育者が専門家としての知識を携えると同時に、目の前の子どもの姿を曇りない目で見守りながら、支えるという姿勢を貫くことが教育者たる姿勢である。

第二章

•教育者たる者は、人間の本質から目を逸らしてはならない。浅ましい人間の欲や願望から派生する差別や争いを現実問題として認めると同時に、人間が非常に細かく複雑な網目構造を作り、種としての生存を確かにしている側面を掘り下げることに、平和教育の第一歩がある。

•子どもたちに平和教育を実際に行うには、児童期が最適である。その実現には、人類が地球上で一チームとして機能している現実を「語る」、能力のある大人と、「わくわくしながらパン屋さんの社会的な役割について考察する」小学生の探究心が絶妙なバランス関係にあることが鍵となる。

第三章

•大人になった時に「当たり前」だと思うことは、ほとんど幼少期に自然に身についたようなことである。乳幼児は常に今現在の「最先端」を有り難いとも思わずに「当たり前」扱いするが、これこそが文化文明のたゆみない前進を請け負ってくれている子どもたちの隠れた功績である。

•子どもたちが身につける「当たり前」は、大人から意図的に教えられたことではなく、自らの経験で心と身体に染み込んだことである。大人が自らの欲や勘違いに惑わされず、子どもたちの経験を豊かにすることに一心集中することで、教育の本来の意図が達成される。

第四章

・平和を実現する一つの方法は、すでに大人になった人同士だけで解決を求めるのではなく、未来の大人チームのメンバーである子どもたちに目を向けることである。大人同士で、互いに「あなたは変わるべきだ」と責め合うのは無意味である。

・子どもたちが日々成長し、当たり前のように「現代の常識」を身につけながら、将来、新発見・新発明をする力を蓄え、発達させている。これを支えることこそが教育者の使命である。

約一年にわたり、この本の制作チームの一員として、記録された講義の一語一句を紐解いていくという貴重な体験をさせて頂けましたことに、心より感謝申し上げます。翻訳に膨大な時間を費やされたAMI友の会NIPPONの深津高子さん、風鳴舎の青田恵さんに心より御礼申し上げます。

マリア・モンテッソーリが他界する三年前に渾身の力で残した教育者へのメッセージが一人でも多くの方々に届きますように！

二〇二一年七月

監修者　小川直子

訳者プロフィール

AMI 友の会 NIPPON（Friends of AMI NIPPON）

モンテッソーリ教育を普及する一般社団法人として2012年７月に設立され、翌年４月にオランダにある国際モンテッソーリ協会（AMI）より正式に関連団体（Affiliate Society）として認証された日本で唯一の団体。主な活動は国内外で実践されているモンテッソーリ関連の情報提供（乳幼児／小学校／思春期／高齢者の認知症ケア等の養成コースのご案内）、セミナー等の企画運営、講師派遣、未翻訳のモンテッソーリ資料・書籍の翻訳・出版などである。当会員になると年４回のメールニュースが届き、会員価格で書籍購入やセミナー参加ができ、またAMI 本部の会員となり世界におけるモンテッソーリ教育の普及を支援することができる。

Email amitomo@arion.ocn.ne.jp　http://www.amitomo.org/

監修者プロフィール

小川直子

東京都出身、米国メリーランド州在住。東京学芸大学幼稚園科卒業。保育士・幼稚園教員免許・小学校教員免許取得。その後東京国際モンテッソーリトレーニングセンターにてモンテッソーリ３－６歳ディプロマ取得。米国ロヨラ大学にて教育学修士取得、AMI（国際モンテッソーリ協会）３－６歳トレーナー認定。ウィスコンシン州にて AMI６－12歳ディプロマ取得。日本、フィリピン、中国、アメリカでトレーニングコース・アシスタントコース開催。AMI３－６歳トレーナー・AMI/USA コンサルタント・３－６歳クラス教師・３－６歳コース試験官。

マリア・モンテッソーリ
Maria Montessori
(1870－1952年)

イタリア最初の女性の医師。精神医学、哲学、人類学、心理学など幅広い知識と経験を兼ね備え、鋭敏な観察眼を通して、子どもたちを観るうちに人間にはある共通した「発達の法則」があることを発見した。1907年、ローマのスラム街サンロレンツォ地区に貧しい子どもたちのための「子どもの家」を開設し、そこでの試行錯誤の結果生み出したモンテッソーリのメソッドは瞬く間に世界各地に広まり、100年たった現在も世界中で高い評価を得ている。戦後は平和教育に注目したことからノーベル平和賞に三度ノミネートされる。1952年にオランダにて逝去。—— 幼い子どもは「私たちの未来の希望である」とはモンテッソーリの深く永続する信念である。

翻訳：一般社団法人 AMI 友の会 NIPPON
監修：小川直子
巻頭イタリア語翻訳協力：富永真
写真協力：イタリア国立モンテッソーリ協会
装丁：須藤康子＋島津デザイン事務所

国際モンテッソーリ協会（AMI）公認シリーズ05

モンテッソーリは語る

新しい世界を生きる人を育てるために

2021年7月31日　初版第1刷発行

著　者　マリア・モンテッソーリ

訳　一般社団法人 AMI 友の会 NIPPON

監修　小川直子

発行所　株式会社風鳴舎
東京都豊島区南大塚2-38-1 MIDPOINT 6F 〒170-0005
(電話03-5963-5266　FAX03-5963-5267)

印刷・製本　奥村印刷株式会社

ISBN978-4-907537-10-4　C3037
Printed in Japan

国際モンテッソーリ協会（ＡＭＩ）公認シリーズ

Montessori Education

〈好評既刊〉

第1巻

『人間の傾向性とモンテッソーリ教育〔新版〕』

普遍的な人間の特質とは何か？

ISBN978-4-907537-01-2

（一三六ページ／1C／A5判／AMI友の会NIPPON訳・監修／二、〇〇〇円＋税）

第2巻

『1946年　ロンドン講義録』

戦後初のモンテッソーリによる講義33

ISBN978-4-907537-02-9

（三三六ページ／1C／A5判／中村勇訳／AMI友の会NIPPON監修／二、九七〇円＋税）

第3巻

『子どもから始まる新しい教育』

モンテッソーリ・メソッド確立の原点

ISBN978-4-907537-08-1

（一四四ページ／1C／A5判／AMI友の会NIPPON訳・監修／二、〇〇〇円＋税）

第4巻

『忘れられた市民　子ども』

モンテッソーリが訴える永遠の問題

ISBN978-4-907537-09-8

（一二八ページ／1C／A5判／AMI友の会NIPPON訳・監修／二、〇〇〇円＋税）

風鳴舎《Fumeisha》 http://fuumeisha.co.jp/